Lieblingsplätze im Osnabrücker Land

Lieblingsplätze im Osnabrücker Land

Christoph Beyer

GMEINER

Autor und Verlag haben alle Informationen geprüft. Gleichwohl ändern sich Gegebenheiten, daher erfolgen alle Angaben ohne Gewähr. Möchten Sie ein Feedback geben, freuen sich Autor und Verlag: lieblingsplaetze@gmeiner-verlag.de

Aus Gründen der Lesbarkeit und Sprachästhetik wird in diesem Buch das generische Maskulinum verwendet. Mit der grammatischen Form sind ausdrücklich weibliche sowie alle anderen Geschlechtsidentitäten mit berücksichtigt, insofern dies durch die Aussage geboten ist.

Sofern nicht im Folgenden gelistet, stammen alle Bilder von Christoph Beyer: Detlef Heese 24; Dirk Egelcamp 26; © Manfred Pollert, 2011 32; Stephan Schute 50; Jenny Menkhaus 60; Karsten Mosebach 70; M.Jenkins/fotolia.com 74; detailblick/fotolia.com 78; Jim Pintar/fotolia.com 86; Ulrike Romeis 118; Hermann Pentermann 128; Hans-Peter Welker 156, 158; Kajano/fotolia.com 164

QR-Code einscannen und kostenloses E-Book anfordern.

Besuchen Sie uns im Internet:
www.gmeiner-verlag.de

1., überarbeitete Neuausgabe 2023

Im Ehnried 5, 88605 Meßkirch
Telefon 07575/2095-0
info@gmeiner-verlag.de

Lektorat/Redaktion: Anja Kästle
Herstellung: Julia Franze
Bildbearbeitung/Umschlaggestaltung: Susanne Lutz
unter Verwendung der Illustrationen von © SylwiaNowik, SG-design, lapencia, actionplanet, SimpleLine, anastasiadeshko – stock.adobe.com; ©Susanne Lutz
Druck: AZ Druck und Datentechnik GmbH, Kempten
Printed in Germany
ISBN 978-3-8392-0383-5

ENTLANG DES TEUTOBURGER WALDES

VON BISSENDORF NACH MELLE

ENTLANG DES WIEHENGEBIRGES

DURCH DAS ARTLAND

ERLEBNISSE IN DER UMGEBUNG

BODENSTÄNDIG UND WELTOFFEN

Eine Liebeserklärung

Stille Moore, rauschende Wälder, grünes Hügelland, uralte Fachwerkhöfe und Residenzen ... Was wie ein romantischer Urlaubswunschzettel klingt, entspricht im Falle des Osnabrücker Landes schlicht den natürlichen Gegebenheiten. Kultur und Natur fügen sich hier zu einem harmonischen Ganzen zusammen. Eine Kulturlandschaft im besten Sinne, oft malerisch und mit ihren verwunschenen Winkeln auch ein klein wenig wie aus der Zeit gefallen.

Es hat sich herumgesprochen, dass diese Region vielfältige Naturerlebnisse und Kulturschätze bereithält. Dennoch hat sich das Osnabrücker Land seinen ganz speziellen Charme und seine Bodenständigkeit bewahrt. Im Südwesten Niedersachsens liegend, glänzt die ländlich geprägte Region bis weit ins Westfälische hinein mit ihrer Natur. Das üppige Grün lädt zu vielfältigen Aktivitäten im Freien ein – mit Wandern allein ist es hier noch lange nicht getan.

An die sanfte Mittelgebirgslandschaft mit ihren dichten Wäldern, die vor allem den Süden und Osten des Osnabrücker Landes durchzieht, schließt sich im Norden das Artland mit seinen prächtigen Bauernhöfen an. Mit der Entdeckung des Ortes der Varusschlacht und dem prämierten Museum und Park Kalkriese rückte das Osnabrücker Land in den vergangenen Jahren sogar in den Fokus der interessierten Weltöffentlichkeit. Die Region ist aber insgesamt reich an Geschichte und Geschichten. Seit jeher liegt sie an einer Schnittstelle, geografisch und kulturell. Uralte, bedeutende Handelsrouten kreuzten sich hier. Eine ungewöhnliche Koexistenz und Machtaufteilung von Protestanten und Katholiken sorgte zudem für ein vergleichsweise friedliches Zusammenleben. Dieses Miteinander scheinbarer Gegensätze, bürgerlicher und bäuerlicher Traditionen, kirchlicher und weltlicher Kräfte, kennzeichnet die Region bis heute. Nur wenige Gegenden Norddeutschlands haben so viele Schlösser, Herrensitze und Gutshöfe zu bieten. Manche sind fast unscheinbar, andere hingegen prachtvoll. Erwähnenswert ist auch die lange Bädertradition der idyllisch gelegenen Heilbäder und Kurorte Bad Essen, Bad Iburg, Bad Rothenfelde und

Bad Laer. Ein dichtes Netz von Rad- und Wanderwegen führt zudem in das gesamte Osnabrücker Land. Erlebnisbauernhöfe und Ausflugslokale bieten am Wegesrand wunderschöne Rastmöglichkeiten.

Das Zentrum der Region bildet unzweifelhaft die »Friedensstadt« Osnabrück, zugleich lebendige Universitätsstadt mit mittlerweile über 28.000 Studierenden. Als Ort der Unterzeichnung des Westfälischen Friedens von 1648, als Geburtsort des Schriftstellers Erich Maria Remarque und als Sitz der Deutschen Stiftung Friedensforschung wirkt die Bezeichnung durchaus plausibel. Als einzige Stadt Deutschlands, die komplett in einem Naturpark liegt, kann Osnabrück zudem mit einer Fülle von stadtnahen Naturoasen aufwarten. Eine bunte Kulturszene und spannende Museen und Feste locken zahlreiche, auch internationale, Besucher an.

Unternehmen Sie mit mir auf den folgenden Seiten einen facettenreichen Rundkurs zu meinen ganz persönlichen Lieblingsplätzen im Osnabrücker Land. Mögen diese sich wie ein Panorama vor Ihnen entfalten und Entdeckerfreude wecken. Der Weg beginnt in Osnabrück, verläuft entlang des Teutoburger Waldes, durchstreift das sanfte Hügelland zwischen Bissendorf und Melle, folgt dem Höhenzug des Wiehengebirges und führt dann ins fruchtbare Artland. Überall lassen sich engagierte Menschen treffen, die sich für den Erhalt und die Weiterentwicklung dessen einsetzen, was diese Region auszeichnet: Ein faszinierendes Zusammenspiel von Kultur und Natur, das zu Erkundungen einlädt. Das Glück liegt manchmal ganz nahe. Herzlich willkommen im Osnabrücker Land.

Christoph Beyer

STADT OSNABRÜCK

Das Rathaus des Westfälischen Friedens bildet zusammen mit den anderen historischen Gebäuden am Marktplatz eine beeindruckende Kulisse

1

Aussicht auf die Stadt
vom Turm der **Kirche St. Marien**
An der Marienkirche 11
49074 Osnabrück
0541 28393
www.marien-osnabrueck.de

Erich Maria Remarque-Friedenszentrum
Markt 6
49074 Osnabrück
0541 3233292
www.remarque.uni-osnabrueck.de

AUSBLICK AUF DIE STADTGESCHICHTE

Aussicht von der St. Marienkirche am Marktplatz

Eng windet sich die Treppe nach oben. Immer höher geht es den Kirchturm hinauf. Kurz vor dem Ziel ruhen auf einer Zwischenebene die mächtigen Glocken. Von hier aus, dem Zentrum des historischen Osnabrück, dringt ihr Klang über die Dächer der Altstadt bis in die angrenzenden Stadtviertel. Als ich kurz darauf den als Rundgang angelegten Aussichtspunkt der St. Marienkirche erreiche, schweift mein Blick neugierig umher. Jene Orte, die aus der Alltagsperspektive vertraut sind, bekommen hier oben ein ganz neues Gesicht. Bauliche Zusammenhänge werden erkennbar, Großes wirkt klein und passt sich ein in das Stadtgefüge.

Direkt unterhalb des Turms liegt der Marktplatz. Seit Jahrhunderten rahmen ihn Rathaus, Stadtwaage, Kirche und die bunten Bürgerhäuser ein. Zwischen 1643 und 1648 verhandelten im Rathaus Abgesandte der Konfliktparteien des Dreißigjährigen Krieges über einen Friedensschluss. 1648 endeten die Verhandlungen mit dem »Westfälischen Frieden von Osnabrück und Münster« – ein Ereignis von enormer Bedeutung für ganz Europa. Die Porträts der 42 Abgesandten können heute im Friedenssaal des Rathauses in Augenschein genommen werden. Sehenswert ist auch das historische Stadtmodell im ersten Stock.

Der Marktplatz selbst ist alles andere als eine unbelebte Kulisse. Zahlreiche, über das ganze Jahr verteilte Feste und Veranstaltungen wie die Maiwoche oder der historische Weihnachtsmarkt profitieren von der besonderen Atmosphäre dieses Ortes. Das direkt angrenzende Heger-Tor-Viertel mit seinen Gassen, Steinwerken und schmucken Geschäften wurde nach den Zerstörungen des Zweiten Weltkrieges behutsam wieder aufgebaut.

Es fällt schwer, sich von der Aussicht hier, hoch über den Dächern der Stadt, zu lösen. Ich beschließe, schon bald wieder zurückzukehren.

Das *Erich Maria Remarque-Friedenszentrum* liegt gleich am Marktplatz und bietet viel Wissenswertes über den in Osnabrück geborenen, weltberühmten Literaten.

2

Der **Kreuzgang** ist durch den Dom sowie den Eingang an der Kleinen Domsfreiheit frei zugänglich

Dom St. Peter
Domhof
49074 Osnabrück
www.bistum-osnabrueck.de

DURCH LICHT UND SCHATTEN

Kreuzgang Dom St. Peter

Es braucht nur einen Tastendruck, um die hölzerne Flügeltür zu öffnen. Leise surrend gibt der Mechanismus den Blick frei. Morgenlicht fällt durch die offenen Pfeilerarkaden des Kreuzgangs, zeichnet feine Lichtornamente auf den Steinboden. Bedächtig gehe ich, aus der Domhalle kommend, voran, registriere die Veränderung der Temperatur, des Geruchs, der gesamten Atmosphäre. Nach einigen Metern halte ich ein, während die Tür sich hinter mir langsam wieder schließt. Mein Blick fällt auf die Nikolauskapelle, in welcher die Grabfigur Bischof Conrads II. von Diepholz (1455–1482) Platz findet. Ein wenig weiter knickt der Gang ab und bietet an dieser Stelle zugleich einen Übergang zum Diözesanmuseum mit seinen kostbaren Exponaten und zur Domschatzkammer. Hier werden auf 500 Quadratmetern wertvolle liturgische und künstlerische Werke aus der 1.200-jährigen Geschichte des Osnabrücker Bistums gezeigt.

Eine inspirierende Ruhe herrscht rundherum, nur der hallende Klang der eigenen Schritte ist zu vernehmen. Ein Windhauch geht durch das Geäst der Bäume im Innenhof und wirft zitternde Schatten an die Wand. Die schlichte Schönheit und unaufdringliche Würde dieses Ortes lassen mich die Zeit vergessen. Am Ende des Südflügels liegt nach einem offenen Durchgang der Innen- und zugleich Domherrenfriedhof von St. Peter. Ungestört ruhen hier kirchliche Würdenträger – doch zwischen 2011 und 2013 zog neues Leben ein. Brütende Uhus hatten sich am Dom, direkt oberhalb dieses stillen Ortes, ein Domizil gesucht. Sie machten den Innenhof zu einem überregionalen Anziehungspunkt für vogelbegeisterte Fotografen. Aus nächster Nähe waren hier nicht nur die Alttiere, sondern auch die auf den Bäumen und dem großen Steinkreuz im Innenhof sitzenden Jungvögel zu beobachten.

Der samstägliche Wochenmarkt an der Großen Domsfreiheit lädt mit seiner Vielfalt an regionalen Spezialitäten zum Bummeln und Schlemmen ein.

8

Haseuferweg
Herrenteichswall
49074 Osnabrück

Tourist-Information Osnabrück, Osnabrücker Land
Bierstraße 22–23
49074 Osnabrück
0541 3232202
www.osnabrueck.de

FREIE ZEIT AM FLUSSUFER

Haseuferweg

Am Flusslauf entlang Schatten spendender Bäume zu flanieren, diese Möglichkeit bietet der Abschnitt des Haseuferwegs unterhalb des Herrenteichswalls. Sowohl von der Fußgängerzone als auch von der Altstadt aus bequem erreichbar, lässt es sich hier, direkt am Wasser, wunderbar entschleunigen. Dieses Teilstück der durch das gesamte Stadtgebiet fließenden Hase macht erfahrbar, welches Potenzial der Fluss schon frühzeitig für die innerstädtische Naherholung hätte einnehmen können. Doch die fortschrittseuphorischen Konzepte im Nachkriegsbauboom der 1960er-Jahre hatten für dieses Potenzial des Flusses zunächst keinen Blick. Im Stadtgebiet wurde die Hase eher als Störfaktor betrachtet und an vielen Stellen zubetoniert. Erst deutlich später besannen sich die Verantwortlichen eines Besseren. Mittlerweile kann man dank neu gestalteter Abschnitte des Uferwegs in der Innenstadt beinahe durchgehend an der Hase entlangschlendern.

Unterhalb des begrünten Herrenteichswalls laden zahlreiche Bänke am Ufer zum Verweilen ein. Der Blick fällt auf die bischöflichen Gärten und die Reste der alten Stadtbefestigung auf der anderen Flussseite. Im Hintergrund ragt der Dom St. Peter empor. Oberhalb, auf dem Wall selbst, verläuft eine 460 Meter lange Allee aus Winterlinden, ein Naturdenkmal. In nördlicher Richtung führt der Weg zu der hölzernen Fußgängerbrücke an der historischen Pernickelmühle. Schon der junge Osnabrücker Erich Maria Remarque nutzte sie auf seinem alltäglichen Schulweg. Als Autor des Romans *Im Westen nichts Neues* band er diese Stelle am Flusslauf sogar in sein Werk ein. Dort kehrt der Protagonist, der Soldat Paul Bäumer, für die Zeit seines Heimaturlaubes nach Osnabrück zurück und findet eine Idylle vor, die sich auch heute noch erspüren lässt.

Direkt neben dem Dom St. Peter verläuft der Hexengang, eine schmale, sehenswerte Gasse, durch die das nahe Haseufer schnell zu erreichen ist.

4

Kunsthalle Osnabrück
Hasemauer 1
49074 Osnabrück
0541 3232190
www.kunsthalle.
osnabrueck.de
www.emaf.de

KUNSTGENUSS IN GRANDIOSER KULISSE

Kunsthalle Osnabrück

Sie zählt zu den schönsten Ausstellungsräumen zeitgenössischer Kunst in Norddeutschland. Die zentral gelegene Kunsthalle Osnabrück, eingebettet in eine ehemalige Dominikanerkirche mit umgebautem Klosterkomplex, bietet Künstlern eine imposante Kulisse für ihre Werke. Auf einer Gesamtfläche von rund 1.500 Quadratmetern können Besucher in Ruhe die sorgsam konzipierten Wechselausstellungen genießen. Es sind nicht nur regionale und nationale Werke, die hier präsentiert werden. Auch international hat die Kunsthalle einen hervorragenden Ruf.

Um einen lichten Innenhof gruppieren sich kleinere, als Rundweg begehbare Ausstellungsflächen. Der Gang in das unmittelbar anschließende Kirchenschiff bietet ein beeindruckendes Raumerlebnis. 21 Meter hoch ragen die weißen Wände. Dank der hohen Fenster flutet viel Tageslicht hinein. Auch großformatige Werke finden hier jenen Platz, den sie zur Entfaltung ihrer optischen Wirkung benötigen.

Nach wechselvoller Geschichte wurde der Gebäudekomplex im Zuge der Sanierung der Altstadt in den 1960er-Jahren restauriert und Schritt für Schritt als Begegnungsort mit bildender Kunst gestaltet. Nach erneuter Renovierung im Jahr 1992 wurde der bis dahin hauptsächlich für Ausstellungen und Konzerte genutzte Raum zum Ausstellungszentrum und Diskussionsforum für zeitgenössische Kunst. Falls Sie nicht so leicht Zugang zu Kunst finden, nehmen Sie doch an einer der Kunsthallenbesichtigungen teil, die mit unterschiedlichen thematischen Schwerpunkten neue Perspektiven auf diesen besonderen Ort eröffnen.

Alljährlich bietet die Kunsthalle auch dem *European Media Art Festival* ein Forum. Das Festival zählt mit seinen Experimentalfilmen, Installationen und Performances zu den bedeutendsten Treffpunkten der internationalen Medienkunst.

Die jeden Spätsommer stattfindende Kulturnacht gewährt ungewöhnliche Einblicke in innerstädtische Kultureinrichtungen, auch in die Kunsthalle.

5

Der Innenhof liegt in unmittelbarer Nähe zur Kunsthalle Osnabrück

Steinwerk
Bierstraße 7
49074 Osnabrück

Das Wein Cabinet
Bierstraße 7
49074 Osnabrück
0174 9944856
www.dasweincabinet.de

DAS MITTELALTER IM HINTERHOF

Steinwerkshof

Die Osnabrücker Steinwerke zählen zu den ältesten heute noch sichtbaren Zeugnissen der mittelalterlichen und frühneuzeitlichen Stadt. Nirgendwo in Deutschland gibt es so viele dieser Steinhäuser wie in Osnabrück: 150 Steinwerke wurden hier zwischen dem 13. und dem 16. Jahrhundert errichtet. Besonders die älteren von ihnen gehören einem Bautypus an, der sich ausschließlich in Osnabrück ausgebildet hat. Grund genug, sich diese besonderen Gebäude aus der Nähe anzuschauen.

Die Steinwerke waren nicht als selbstständige Häuser konzipiert, sondern als rückwärtige Gebäude mit einem Fachwerkvorderhaus verbunden. Das hoch liegende Erdgeschoss diente als Wohnraum, der Keller und die übrigen Geschosse wurden als Lagerraum genutzt. Die meisten von ihnen lagen an den Hauptstraßen der Altstadt. Ihre massive Bauweise bot einen hervorragenden Brandschutz – angesichts der engen Bebauung ein großer Nutzen. Als Bauwerke der Oberschicht waren die Steinwerke vor allem Bestandteil der Häuser des Adels, wohlhabender Kaufleute und hoher kirchlicher Würdenträger.

Das älteste noch erhaltene Steinwerk Osnabrücks und zugleich das älteste Gebäude dieser Art in Deutschland ist meist nur für jene zu finden, die es gezielt ansteuern. Es bildet das Zentrum eines kleinen, schönen Innenhofs in der Bierstraße. Der kompakt wirkende, dreigeschossige und über zehn Meter breite Bruchsteinbau wurde im vorgotischen Stil im ausgehenden 12. Jahrhundert erbaut. Bei einem Bombenangriff 1944 brannte das Steinwerk aus und wurde nach dem Krieg restauriert. Heute nutzt es die städtische Denkmalpflege. Im Innenhof befindet sich neben einem Kunstatelier *Das Wein Cabinet* und lädt vor der historischen Kulisse zu Weinproben und interessanten Events rund um den edlen Tropfen ein.

Bei Führungen durch die Gassen der Altstadt werden Ihnen zahlreiche weitere Steinwerke vorgestellt. Näheres erfahren Sie bei der Tourist-Information: www.osnabrueck.de

6

Figurentheater Alte Fuhrhalterei
Kleine Gildewart 9
49074 Osnabrück
0541 27257
www.figurentheater-osnabrueck.de

Aktionszentrum 3. Welt
Bierstraße 29
49074 Osnabrück
0541 26369
www.a3w-os.de

FIGUREN, FACHWERK UND VIEL FANTASIE

Figurentheater Alte Fuhrhalterei

Voller Vorfreude blicken zahlreiche Kinderaugen auf ein kunstvoll gefertigtes Häuschen aus Pappmaschee. Als kurze Zeit später eine Maus und ein knurriger Hund in einen lebhaften Dialog treten und die Szenerie mit Leben füllen, hält es einige der kleinen Theatergäste kaum noch auf ihren Plätzen. Zu groß ist die Lust, selbst in die packende Handlung einzugreifen, die sich da so lebensnah und echt vor ihnen abspielt. Es ist eine wahre Freude, diese Faszination und Anteilnahme zu spüren. An diesem Ort gelingt es nicht nur immer wieder, Kinder zu begeistern, sondern auch Erwachsene wie mich. Gleichzeitig würdigt das gekonnte Spiel die immer noch eher randständige Form des Puppentheaters in idealer Weise.

Das Osnabrücker Figurentheater Alte Fuhrhalterei hat sich seit seiner Gründung 1989 in die Herzen eines treuen Publikums gespielt. Dieses dankt es ihm mit einer hohen Auslastung. Sympathischerweise ein klein wenig versteckt inmitten der Altstadt gelegen, werden wöchentlich vier bis fünf Vorstellungen geboten, davon drei Kinder- und ein bis zwei Abendveranstaltungen. Rund 80 Plätze bietet der kleine Saal mit seiner ansteigenden Bestuhlung. Nicht die Ausstattung oder technische Superlative ziehen die zahlreichen Besucher an. Der Reiz dieser Spielstätte liegt vielmehr in der entschleunigten Behaglichkeit und dem historischen Charme, welche das liebevoll restaurierte Fachwerkgebäude aus dem 16. Jahrhundert nach innen und außen ausstrahlt. Die Spielfreude und Leidenschaft der auftretenden Künstler trägt ihr Übriges zu der zauberhaften Atmosphäre bei. Künstler und Publikum begegnen sich hier auf Augenhöhe. Insgesamt sechs Mitgliedsbühnen bieten ein bundesweit einmaliges, abwechslungsreiches Programm und zugleich ein zeitloses Vergnügen.

Das nahe *Aktionszentrum Dritte Welt* in der Bierstraße, eines der größten in Niedersachsen, bietet in seinem Weltladen viele ungewöhnliche Geschenkartikel.

7

Lagerhalle e.V., Kultur und Kommunikation
Rolandsmauer 26
49074 Osnabrück
0541 338740
www.lagerhalle-osnabrueck.de

Felix-Nussbaum-Haus
Lotter Straße 2
49078 Osnabrück
0541 3232207
www.museumsquartier-osnabrueck.de

Kulturzentrum mit Kultcharakter

Kulturzentrum *Lagerhalle*

Seit ich in Osnabrück lebe, bildet die *Lagerhalle* für mich einen festen Bezugspunkt im städtischen Kulturleben. Das liegt nicht nur an der gemütlichen Kneipe, wo sich alle Generationen begegnen, sondern auch am breit gefächerten Jahresprogramm. Ob Programmkino, Vorträge, Lesungen, Konzerte, Flohmärkte und Kleinkunst – die rund 500 Veranstaltungen im Jahr bilden einen bunten Kulturkosmos, bei dem quer durch alle Altersschichten nahezu jeder fündig wird.

Ihren Anfang nahm das Kulturzentrum in den 1970er-Jahren. Damals forderten Jugendliche die Einrichtung eines selbstverwalteten Jugendzentrums. Diese Idee wurde von engagierten Bürgern, darunter vielen Künstlern, aufgegriffen. Eine breit geführte Debatte mündete schließlich in den Vorschlag, statt des Jugendzentrums ein allen sozialen Schichten und Altersgruppen zugängliches Kreativhaus aus der Taufe zu heben. Im Dezember 1974 erwarb die Stadt Osnabrück die leer stehende Lagerhalle einer mittlerweile geschlossenen Eisenwarenhandlung am Rande der Altstadt. 1976 wurde der Umbau des Gebäudes in Angriff genommen. Mit der Eröffnung des Kulturzentrums *Lagerhalle* Ende des gleichen Jahres begann eine jahrzehntelange Erfolgsgeschichte. Aus dem Kulturleben der Stadt ist die *Lagerhalle* seither nicht mehr wegzudenken und auch überregional besitzt sie eine große Strahlkraft.

Weit über die Stadtgrenzen hinaus sind auch die Festivals bekannt, die unter anderem in der *Lagerhalle* stattfinden: wie das *European Media Art Festival*, das *Unabhängige Film Fest Osnabrück* oder das *Osnabrücker Kabarett Festival*. Ihnen bietet die *Lagerhalle* ein ideales Forum der Präsentation und Begegnung. Bürgerschaftliches Engagement findet aber auch jenseits der großen Veranstaltungen statt. In den Seminarräumen der *Lagerhalle* treffen sich regelmäßig die verschiedensten Gruppen zum Austausch.

Im gegenüberliegenden, vom Architekten Daniel Libeskind erbauten Felix-Nussbaum-Haus kann die weltweit größte Sammlung des Malers besichtigt werden.

8

Katharinenviertel
Katharinenstraße
49078 Osnabrück

Emma-Theater
Lotter Straße 6
49078 Osnabrück
0541 760000
www.theater-osnabrueck.de

FAHRRADSTRASSE MIT FLAIR

Katharinenviertel

Hinter dem schwammigen Begriff »bevorzugte Wohnlage« kann sich viel verbergen. Im Falle des Katharinenviertels und der sie in Gänze durchziehenden Katharinenstraße ein kleines, aber umso feineres Stadtquartier. Die Gründerzeitvillen, die versteckt liegenden Hinterhäuser und -höfe zaubern mit den grünen Stadtgärten eine besondere Wohlfühlatmosphäre. Fahrräder haben auf der Katharinenstraße Vorfahrt und auch die kopfsteingepflasterten Nebenstraßen profitieren von der Verkehrsberuhigung. Das war nicht immer so. Noch in den 1980er-Jahren herrschte auf den Straßen ein lebhafter Durchgangsverkehr, den viele Anwohner als störend empfanden. Mit dessen Neuregelung setzte auch ein sich langsam, aber stetig vollziehender Strukturwandel ein, der sich auch an gestiegenen Mietpreisen ablesen lässt. Spaziert man durch einen der kleinen Fußwege und blickt in die wunderbaren Stadtgärten und verwinkelten Hinterhöfe, wird einem schnell bewusst, was diese innenstadtnahe Lage so attraktiv macht.

Die Gärten der Martinianer Laischaft gaben den ersten Impuls für eine Veränderung. Nach dem Schleifen der städtischen Festungsmauern im Jahr 1869 wurden die ersten Bebauungspläne für das bis dahin außerhalb der Stadtmauern gelegene Gelände erstellt. Bis etwa 1920 wurde der Bereich der Katharinen- und Arndtstraße mit repräsentativen Mehrfamilienhäusern, klassizistischen Villen und Etagenwohnungen im Bauhaus-Stil bebaut. Dieses Gesicht hat das Viertel bis heute behalten, nur überragt von dem 103 Meter hohen Turm der Katharinenkirche, dem höchsten mittelalterlichen Bauwerk Niedersachsens. Wer sich früh am Morgen mit seinem Drahtesel in die Pulks der auf der Katharinenstraße stadteinwärts fahrenden Radler einfügt, kann sie vielleicht spüren, diese wohltuende Stimmung, zur richtigen Zeit am richtigen Ort zu sein.

Das zum Theater Osnabrück gehörende Emma-Theater am nördlichen Ende der Arndtstraße bietet mit oft ungewöhnlichen Stücken ein vielseitiges Programm.

9

Von den beiden Aussichtsplattformen lässt sich die Größe dieser Tropenwelt am besten erfassen

Botanischer Garten der Universität Osnabrück
Albrechtstraße 29
49076 Osnabrück
0541 9692704
www.bogos.uni-osnabrueck.de

ALPEN, TROPEN, TRAUMLANDSCHAFTEN

Botanischer Garten

Eine Reise durch die Pflanzenvielfalt der Erde – für ein derartig ambitioniert klingendes Vorhaben reicht ein Spaziergang durch den Botanischen Garten im Osnabrücker Stadtteil Westerberg vollkommen aus. 1984 eröffnet, beherbergt er 8.000 Pflanzenarten und bietet einen wunderbaren Ort der Entspannung und Inspiration.

Das Gelände unterteilt sich in sechs geografische und drei thematische Schwerpunkte. Die eher karge Vegetation des europäischen Hochgebirges liegt dabei nur einen Steinwurf von asiatischer Pflanzenpracht entfernt. Überall finden sich hier stille Winkel, kleine Wasserläufe durchziehen das Gelände, ein See mit Aussichtsplattform lockt Wasservögel an. Eine Besonderheit des Gartens ist seine Lage in einem ehemaligen Kalksteinbruch. In die Steinbruchkante wurde das imposante Amazonas-Regenwaldhaus integriert. In dem lichtdurchfluteten, 21 Meter hohen Glasbau finden über 800 tropische Pflanzen viel Platz zum Wuchern. Ein weiterer Steinbruch wurde 2011 mittels eines Tunnels an den Garten angeschlossen. Hier können sich einheimische Tier- und Pflanzenarten in geschützter Umgebung entwickeln – so finden etwa Fledermäuse im Stollen ein ideales Domizil.

Nicht nur der begehbare Garten selbst ist eine botanische Schatztruhe, sondern auch die wissenschaftlichen Pflanzensammlungen und Versuchsflächen in den Gewächshäusern des nahen Betriebshofes. In der Erforschung, Erhaltung und Vermittlung dieser vielfältigen Pflanzenwelt liegt das zentrale Anliegen des von der Osnabrücker Universität getragenen Gartens. Als Schnittstelle zwischen Wissenschaft und Öffentlichkeit bietet dazu die generationsübergreifende Bildungseinrichtung des Botanischen Gartens, die *Grüne Schule,* vielseitige und spannende Führungen und Aktionsprogramme an.

Der Westerberg lädt mit seinem langen Kammweg zu ausgiebigen Spaziergängen ein. Sehr sehenswert ist auch das große Villenviertel am Südhang.

10

Peter Finger zählt auch zu den bedeutendsten zeitgenössischen Komponisten für Gitarrenmusik

Lutherhaus
Jahnstraße 1
49080 Osnabrück
0541 2001831
www.lutherhaus.info
www.acoustic-music.de

GITARRENKLÄNGE VON WELTRANG

Lutherhaus

Anspruchsvolle akustische Musik liegt im Trend. Einen wichtigen Anteil daran hat auch Peter Finger, der zu den besten Akustikgitarristen weltweit zählt. Andächtige Stille herrscht bei der alljährlichen *Acoustic Guitar Night* im Konzertsaal des Lutherhauses, als Finger seiner Akustikgitarre die ersten, sanften Klänge entlockt. Schnell entwickelt sich ein musikalischer Klangkosmos, der beeindruckt.

Schon seit den 1970er-Jahren genießt Peter Finger einen hervorragenden Ruf als Musiker. Auf mittlerweile 16 Plattenproduktionen kann der viel beschäftigte Künstler zurückblicken. Zahlreiche Tourneen führten ihn rund um die ganze Welt. Ob Klassik, Blues, Jazz oder keltisch anmutende Klänge, Finger scheint sich in jedem Genre zu Hause zu fühlen. Ihm gelingt es, unterschiedliche Musikstile höchst anregend miteinander zu verbinden. So verwundern die Auszeichnungen für seine Kompositionen nicht. Fingers Lebens- und Arbeitsmittelpunkt liegt in Osnabrück. Hier betreibt er das Lutherhaus, ein Kulturzentrum, das seinen Schwerpunkt auf genreübergreifende, ausgewählte Konzerte legt. Aber auch Kleinkunst und Vortragsveranstaltungen werden in dem großen Konzertsaal geboten. Dieses vielfältige Kulturangebot fernab des »Mainstream« erfreut sich großer Beliebtheit. Doch das Haus bietet noch mehr: Im Gebäude befindet sich nicht nur ein Musikstudio, sondern auch das Gitarrenfachgeschäft *Guitar Basar.* Peter Finger ist neben seinem Beruf als Musiker zudem Verleger der Zeitschrift *Akustik Gitarre* und Chef des mehrfach prämierten Labels *Acoustic Music Records*, in dem auch zahlreiche hervorragende Gitarrenkünstler aktiv sind. Dass die Vielzahl der Arbeitsbereiche unter der Überschrift *The Acoustic Family* firmiert, unterstreicht ein Selbstverständnis, bei dem die musikalische Begegnung im Vordergrund steht.

Wer sich selbst an der Akustikgitarre erproben möchte, kann das vielfältige Angebot des Lutherhauses nutzen. Auch Workshops stehen auf dem Programm.

11

Im Garten des größten Barockschlosses Niedersachsens findet sich für jeden ein ruhiges Plätzchen

Schloss und Schlosspark
Neuer Graben 29
49074 Osnabrück
www.osnabrueck.de

BAROCKE PRACHT UND WISSENSCHAFT

Schloss und Schlosspark

Warme Orangetöne bilden einen unübersehbaren Farbtupfer im baulichen Ensemble der Osnabrücker Innenstadt. Der Gebäudekomplex des Osnabrücker Schlosses wurde in den Jahren 1667–1675 als barocke Anlage errichtet und vom Fürstbischof Ernst August I. von Braunschweig-Lüneburg und seiner Gattin Sophie von der Pfalz als repräsentative Residenz genutzt. Doch der höfische Glanz währte nur kurz, denn die Bischofsfamilie siedelte 1679 über nach Hannover. Im Zweiten Weltkrieg durch Bombardements schwer beschädigt, wurde das Schloss nach dem Krieg wieder aufgebaut. 1974 begann der Lehrbetrieb der neu gegründeten Universität Osnabrück, deren Verwaltung seither im Schlossbau untergebracht ist.

Hinter dem Gebäude breitet sich der Schlossgarten aus, Ruheoase der Osnabrücker Studierenden, die an warmen, sonnigen Tagen zu hunderten die ausgedehnte Rasenfläche bevölkern. Ihren Kaffee sowie Speisen und andere Getränke beziehen die meisten dabei von der Universitätsmensa, die gleich nebenan liegt. Gelegentlich trägt ein Windzug durch geöffnete Fenster die Klänge der im Schloss probenden Musikstudenten herüber. Der Fachbereich Musikwissenschaft hat im Hauptgebäude des Schlosses seinen Sitz. Bis tief in die warmen Abende hinein ist der Garten Treffpunkt und Freiraum für Entspannung. Angelegt wurde er ursprünglich nach den Plänen des Gartenarchitekten Martin Charbonnier, auf dessen Planung auch der später entstandene Schlossgarten in Hannover-Herrenhausen zurückgeht.

Wer an einem lauen Sommerabend noch Lust auf ein frisch gezapftes Bier verspürt, kann es sich auf den Bänken des Biergartens der Kultkneipe Unikeller bequem machen. Der Blick ins Innere lohnt sich ebenfalls, denn der historische Gewölbekeller unter dem Westflügel des Schlosses ist gemütlich und versprüht viel studentischen Charme.

Sehenswert ist auch der Schlossinnenhof. In unregelmäßigen Abständen finden vor der prächtigen Kulisse auch Open-Air-Veranstaltungen statt.

12

Redlingerstraße
49074 Osnabrück

Schlecks
Alte Münze 25a
49074 Osnabrück
0541 99895268
www.schlecks.com

VERWEILEN IM BUNTEN TREIBEN

Redlingerstraße

Es ist ein buntes Völkchen, welches in der Redlinger Straße sein Freizeitvergnügen sucht. Mit ihrer kreativen Gastronomie und den ungewöhnlichen Lädchen hat sich die Straße in den letzten Jahren zu einer Art »In-Quartier« entwickelt. Trendiges und Traditionelles gehen hier eine wohltuende Verbindung ein. Doch keine Sorge, elitär oder verschroben kommt die vergleichsweise kurze, den Fußgängern vorbehaltene Straße nicht daher. Stattdessen präsentiert sie sich eher als ein Ort des ungezwungenen Austauschs. Ob fair gehandelte Kaffeespezialitäten oder internationale Speisen – kulinarisch kann Mann und Frau es sich hier gut gehen lassen. Beim Bummeln in den oft mit pfiffigen Namen betitelten Shops lassen sich so manche kuriose Accessoires und Designerstücke entdecken.

Auf dem nahen Spielplatz kommen die Kinder voll auf ihre Kosten. Die Matschanlage erfreut sich hier, vor allem im Sommer, allgemeiner Beliebtheit. Vor allem kleinere Kinder finden ein altersgerechtes Angebot vor, das nach der Neugestaltung des Spielplatzes noch erweitert wurde. Auf den schmalen Rasenflächen machen es sich Eltern auf Decken bequem und beobachten das muntere Treiben direkt vor ihnen. Auch die Sitzgelegenheiten der Cafés und Restaurants am Spielplatzrand füllen sich an sonnigen Tagen bis auf den letzten Platz. Der Ort ist zu einem Treffpunkt für alle Altersklassen geworden, auch wenn die jüngere Generation hier überwiegt. Zwar liegt die Fußgängerzone nur einen Steinwurf entfernt, deren oftmals wuselige Geschäftigkeit sucht man hier allerdings vergeblich. Bei Studenten beliebt ist seit jeher die direkt angrenzende, rustikale Kneipe *Grüner Jäger.*

Von Ahornsirup bis Zitronenmelisse – mit ausgefallenen, individuell zusammenstellbaren Zutaten bietet das *Schlecks* Eisgenuss pur.

18

Bürgerpark
Veilchenstraße
49088 Osnabrück

MÜSSIGGANG IM SCHATTEN ALTER BÄUME

Bürgerpark

Kein Verkehrslärm dringt hierher, nur das Zwitschern der Vögel und das leise Rauschen des Windes in den Bäumen ist zu hören. Die untergehende Sonne malt Lichtstreifen auf die Rasenflächen, während im Schatten von altehrwürdigen Eichen und Buchen die letzten Besucher ihre Decken einrollen.

Der Bürgerpark auf dem Gertrudenberg, unweit der Altstadtgassen, ist als Schutzgebiet und Kulturdenkmal zugleich ausgewiesen. Mit seinem wertvollen Baumbestand und den weitläufigen Rasenflächen präsentiert er sich als noch weitgehend unverfälschter Landschaftspark. Bereits 1966 wurde der 13 Hektar große Bürgerpark zu einem Landschaftsschutzgebiet erklärt, in dem heute über 100 Baum- und Strauchsorten sowie über 70 Brut- und Zugvögelarten anzutreffen sind – eine Naturoase mitten in der Stadt.

Ihren Anfang nahm die Geschichte des Bürgerparks in der ersten Hälfte des 19. Jahrhunderts. Mit der Gründung eines Verschönerungsvereins bot sich dem Kaufmann und Senator Gerhard Friedrich Wagner die Gelegenheit, seine vielfältigen Gestaltungsideen umzusetzen. Die Bürger nahmen dieses Angebot zur Naherholung gerne an – daran hat sich bis heute nichts geändert. Dennoch sorgt die versteckte Lage des ältesten öffentlichen Parks der Stadt dafür, dass sich die Besucherzahlen in angenehmen Grenzen halten.

Sanfte Hügel zeichnen das Gelände aus, schwierigere Steigungen sucht man hier vergeblich. Die vielen Wege und Pfade sind gut begehbar und absolut für Rollstuhlfahrer geeignet. Ein Spielplatz ist ebenso zu finden wie ein Naturteich und ein verwunschen wirkender Staudengarten. Kleine Nischen und Ruheplätze laden fast überall zur entspannten Naturbetrachtung ein. Stille Orte, an denen sich mit etwas Glück gar nicht so scheue Eichhörnchen beobachten lassen.

Direkt unterhalb des Bürgerparks erstreckt sich der historische Hasefriedhof. Sein riesiges Gelände ist frei zugänglich und lädt zu Erkundungen ein.

Alte Brücke über die Düte
an der Von-Korff-Allee
nahe des Guts Sutthausen

14

Spaziergang durch das Nettetal
Startpunkt: Knollmeyers Mühle
Im Nettetal 4
49134 Wallenhorst
0172 5643998 (Führungen)
www.knollmeyersmuehle.de

DAS GUTE LIEGT SO NAHE

Nettetal

Rausfahren aufs Land, um einen Waldspaziergang an den Ufern eines lieblichen Flüsschens zu unternehmen. Das Nettetal macht es möglich. Seit jeher ist diese durch bäuerliche Kleinbetriebe und die Forellenzucht geprägte Kulturlandschaft ein beliebtes Naherholungsziel für Ausflügler, Wanderer und Radler aus dem Stadtgebiet. Zugegeben, das idyllische Tal, durch welches sich das Flüsschen mit dem bezeichnenden Namen »Nette« schlängelt, liegt bereits jenseits des Osnabrücker Stadtgebiets und zählt zur Nachbargemeinde Wallenhorst. Doch die Stadtgrenze verläuft in unmittelbarer Nähe, und so ist es aus geografischen Erwägungen heraus vertretbar, diesen bezaubernden Flecken Erde in dieses Kapitel mit aufzunehmen.

Ein schöner Ausgangspunkt für Spaziergänge ist der Parkplatz an Knollmeyers Mühle. Diese historische Wassermühle ist noch heute voll einsatzfähig. Die Wasser- und Staurechte sind erstmals 1253 erwähnt, womit sie zu den ältesten Wassermühlen im Landkreis Osnabrück gehört. Im Jahr 2008 übernahm die Familie Knollmeyer den Betrieb der Mühle und hat sie mit vielen freiwilligen Helfern umfassend restauriert. Besuchergruppen können in Hobbymüllerkursen das historische Handwerk hautnah erleben. Zudem werden mit den alten Mahlanlagen Vollkornmehle für eine regionale Bäckereikette produziert.

Der Weg verläuft von hier aus zunächst entlang der Nette und führt in ein buchenbestandenes Waldgebiet, vorbei an sanften Hügeln. Auf der anderen Uferseite grasen Kühe friedlich auf den Weiden. Nach einigen hundert Metern ist der Wanderparkplatz Nettetal erreicht. Wer möchte, kann von hier aus einen Rundweg entlang der Straße einschlagen oder aber auf gleichem Weg zurückspazieren. Eine schöne Möglichkeit zur Rast hält das kleine Bistro an den Forellenteichen bereit.

Spannende Outdoor-Erlebnisse bietet der direkt neben dem Gasthaus gelegene Kletterwald. Hier geht es bis zu 13 Meter hinauf.

15

Aussichtsturm Felsrippe Piesberg
49090 Osnabrück
www.osnabrueck.de/piesberg

Arboretum am Piesberg
Im Quellengrund
49134 Wallenhorst-Lechtingen
www.wallenhorst.de

HOCH ÜBER STADT UND STEIN

Aussichtsturm Felsrippe

Am nordwestlichen Stadtrand erhebt sich der Piesberg, dessen industrielle Nutzung weit in die Vergangenheit reicht. Die gelungene Verzahnung von Industriekultur und erwanderbarer Natur macht ihn auch über die Region hinaus zu einem Anziehungspunkt für Touristen. Kommunalpolitiker und Kulturschaffende erkannten und entwickelten gemeinsam die hier verborgenen Potenziale.

Die Idee, eine ausgediente Windkraftanlage in einen Aussichtspunkt umzugestalten, ist herausragend – im wahrsten Sinne des Wortes. Befestigt an dem rot lackierten Stumpf bietet eine vier mal sieben Meter große Aussichtsplattform viel Platz und einen grandiosen Rundumblick tief ins Osnabrücker Land. Mit 188 Metern über dem Meeresspiegel befinden sich die Besucher hier am höchsten zugänglichen Punkt der Stadt. Ihnen zu Füßen liegt ein Steinbruch, dessen Abbaukanten stufenförmig in die Tiefe fallen und in dem an manchen Stellen immer noch reger Betrieb herrscht. Auf der Plattform weisen kleine Schautafeln mit Fotos die Blickrichtung, in der sich die jeweils abgebildeten Sehenswürdigkeiten befinden. Mit einem kostenlos nutzbaren Fernrohr lassen sich auch entfernte Orte ganz nah heranholen.

Der Ausblick verschiebt die Relationen, lässt einen förmlich über den Dingen stehen. Die Stadt selbst wirkt von hier oben klein, eingebettet in das hügelige Landschaftsbild. Die unregelmäßigen Höhenkonturen des Teutoburger Waldes zeichnen sich deutlich im Süden ab und auch der Blick nach Osten schweift über bewaldete Hügel und Bergkuppen, zwischen die sich Dörfer und Bauernschaften schmiegen. Wetter, Wolken, Licht und Schatten – im Tageslauf verändert die Landschaft ihr Gesicht und bietet vielfältige Eindrücke. Der Wechsel der Jahreszeiten tut sein Übriges, um zur Rückkehr an diesen Platz zu beflügeln, die Windjacke dabei allerdings immer mit im Gepäck.

Der Zugang zur Plattform ist auch vom Arboretum im Osten des Piesbergs möglich. Der dort stehende Mammutbaum hat einen imposanten Stammumfang von 6,70 Metern.

16

MIK Museum Industriekultur Osnabrück
Fürstenauer Weg 171
49090 Osnabrück
0541 122447
www.mik-osnabrueck.de

Piesberger Gesellschaftshaus e.V.
Glückaufstraße 1
49090 Osnabrück
0541 1208888
www.piesberger-gesellschaftshaus.de

MIT DEM FAHRSTUHL UNTER TAGE

MIK Museum Industriekultur Osnabrück

Leise schließt sich die Tür des gläsernen Aufzugs im Gebäude des *MIK Museum Industriekultur Osnabrück*. Die Fahrt in die Tiefe beginnt. Der Blick fällt auf den kahlen Fels der Schachtwände, zwischen denen das moderne Gefährt dahingleitet. Kurz darauf eröffnet sich eine verborgene Welt. Unerwartete Kühle umfängt den Besucher und lässt den Atem kondensieren. Der steinerne Boden knirscht unter den Füßen. In schummriges Licht getaucht, zeigt sich der Bergwerksstollen als begehbares Relikt der einst für die Region so bedeutenden Steinkohleförderung. Tatsächlich reichen ihre Wurzeln bis in das 15. Jahrhundert zurück. Der als Hauptförderstollen genutzte Gang wurde aber erst zwischen 1853 und 1856 erbaut. Seine Nutzungsdauer währte nur kurz. Bereits 1898 kam es nach Wassereinbrüchen zur Schließung. Im Zweiten Weltkrieg wurde er hingegen noch als Luftschutzbunker genutzt. Mit einer Gesamtlänge von 2.100 Metern verläuft er unter dem gesamten Piesberg.

Direkt über dem Stollen liegt das Haseschacht-Gebäude, das seit 1871 mit seiner Rundbogenarchitektur glänzt und zu den schönsten Bauwerken dieser Art in Deutschland zählt. Nach wechselvoller Nutzungsgeschichte beherbergen dessen Räumlichkeiten seit 1994 die Dauerausstellung des Museums, zu deren Bestand auch voll funktionsfähige Dampfmaschinen gehören. Neben diesen überzeugt auch das museumspädagogische Angebot durch seine Vielseitigkeit.

Ab 1997 wurde der Stollen wieder freigelegt und so können die Museumsbesucher seit September 2000 einen Teil des Schachtes und 300 Meter des Stollens erkunden. Seine Länge bietet dem Betrachter ein eindrucksvolles Bild. Von Leuchtröhren erhellt, zieht sich der Stollen, ohne absehbares Ende, durch den Fels. Folgt man seinem Lauf den gewölbten Wänden entlang, versperrt eine Metalltür den Weg. Durch sie geht es, die Hanglage des Museums macht es möglich, ins Freie.

Das nahe gelegene Kulturzentrum *Piesberger Gesellschaftshaus* bietet eine Fülle spannender Veranstaltungen.

17

Johannisfriedhof
Magdalenenstraße/Gottlieb-Planck-Straße
49082 Osnabrück
www.hasefriedhof-johannisfriedhof.de

Altehrwürdig und einmalig

Johannisfriedhof

Wer das weitläufige Gelände des Johannisfriedhofs betritt, kann sie sofort spüren, diese ganz besondere Atmosphäre, die von diesem Ort ausgeht. Alte Bäume, Rasenflächen und zahlreiche historische Gräber und Grabsteine geben ihm sein naturnahes und zugleich geschichtsträchtiges Gesicht. Über 200 Jahre Osnabrücker Vergangenheit breiten sich hier vor dem Besucher aus: Der Johannisfriedhof wurde 1808 angelegt – im gleichen Jahr wie der Hasefriedhof. Mit über 200 Jahren zählt er daher zu den ältesten Friedhöfen in Osnabrück. Die Bedeutung dieser Ruhestätten für die historische »Friedhofskultur« Niedersachsens gilt als einmalig.

Bereits seit den 1980er-Jahren steht der Johannisfriedhof unter Denkmalschutz. Seine Fläche von rund 66.000 Quadratmetern gliedert sich in fünf Abteilungen. Beisetzungen werden hier aber schon seit dem 1. Januar 1996 nicht mehr vorgenommen. Stattdessen dient er als Parkanlage und lädt so zu Spaziergängen und respektvollen Betrachtungen ein – eine Nutzung, die dem Erhalt des Kulturdenkmals dient.

Die oftmals kunstvoll gearbeiteten Grabsteine bieten die Möglichkeit, viel über die Stadt und ihre Persönlichkeiten zu erfahren. Ein Ort der städtischen Selbstvergegenwärtigung gewissermaßen. So fanden unter anderem der Osnabrücker Flugpionier Gustav Tweer (1893–1916) und der Maler und Grafiker Franz Hecker (1870–1944) hier ihre letzte Ruhestätte. Doch das Friedhofsgelände birgt auch neues Leben. Als Refugium für selten gewordene Vogelarten und Fledermäuse leistet es einen wichtigen Beitrag zum Artenschutz. Allabendlich begeben sich hier die vier nachgewiesenen Fledermausarten auf Insektenjagd. Kulturhistorische Führungen, vogelkundliche Wanderungen und zahlreiche weitere Veranstaltungen erschließen den stillen Reiz dieses Geländes.

Die Treuhandstiftung *Historisches Bewahren denkmalgeschützter Friedhofskultur in Osnabrück* erhält mit Spendengeldern diesen besonderen Ort.

18

Zoo Osnabrück
Klaus-Strick-Weg 12
49082 Osnabrück
0541 951050
www.zoo-osnabrueck.de

Museum am Schölerberg
Klaus-Strick-Weg 10
49082 Osnabrück
0541 3237000
www.museum-am-
schoelerberg.de

WILLKOMMEN IN DER UNTERWELT

Unterirdischer Zoo

Schummriges Licht erhellt den Gang. Baumwurzeln ragen von der Decke, Holzbalken stützen die Wände. Der Weg durch das nachgebaute Stollenlabyrinth des Unterirdischen Zoos konfrontiert Besucher mit ungewohnten Sinneseindrücken. Auf einer Fläche von 500 Quadratmetern bietet die Anlage Möglichkeiten, jene Tierarten zu beobachten, die sich durch ihr Leben unter der Erde ansonsten neugierigen Blicken entziehen. Neben Feldhamstern und Mäusen sind auch exotischere Tiere wie Grau- und Nacktmulle zu sehen. Letztere sind normalerweise in den Halbwüsten Ostafrikas zu Hause und mögen es gerne warm. Den natürlichen Bedürfnissen dieser Bewohner entsprechend, ziehen sich an den Stollenwänden Gänge und Höhlen entlang. Durch das Glas haben Besucher einen direkten Blick auf das muntere Treiben. Folgt man dem Verlauf der Stollen, ist bald jener Teil erreicht, der durch sein grobes Mauerwerk an ein mittelalterliches Gewölbe erinnert. Gewöhnungsbedürftig wirkt hier die Begegnung mit einer Spezies, der Besucher in freier Wildbahn in der Regel nur sehr ungern über den Weg laufen. Für die Wanderratten wurde eigens ein mittelalterlicher Abwasserkanal nachgebaut. Bei den Tierpflegern gelten die Tiere als anpassungsfähig und pflegeleicht.

Einen Besuch lohnt auch das unterirdische Kino. Auf drei gleichzeitig bespielten Leinwänden werden Lebenszusammenhänge der Tierwelt verständlich vermittelt. Direkt mit dem Unterirdischen Zoo verbunden ist das Naturkundemuseum am Schölerberg. In seiner neuen Dauerausstellung erzählt das Museum die Geschichte des Lebens und spannt dabei einen weiten thematischen Bogen. Ein begehbarer Urzeit-Urwald ist dabei einer der Höhepunkte. Wen es aus den Stollen direkt zu den Sternen zieht, ist im Planetarium des Museums genau richtig. Dessen regelmäßige Vorführungen ermöglichen Ausflüge in ganz ferne Welten.

Der Unterirdische Zoo gehört zum Zoo Osnabrück. Dessen naturnahes und weitläufiges Areal bietet viele weitere Erlebnisse, die faszinieren.

19

Gut Sutthausen
Gut Sutthausen 1
49082 Osnabrück
www.bbs-marienheim.de

Sutthauser Mühle
An der Sutthauser Mühle 1
49082 Osnabrück
0541 59038

EIN KLEINOD AM FLÜSSCHEN

Gut Sutthausen

Umgeben von seerosenbedeckten Wassergräben, den Gräften, befindet sich am südlichen Rand des Osnabrücker Stadtteils Sutthausen ein bezauberndes Kleinod. Alte Bäume umstehen das Gut Sutthausen im malerischen Dütetal. Eingebettet liegt es in einem Landschaftspark, in dem lauschige Bänke, ein Bauerngarten, Skulpturen und ein Kleintierzoo Jung und Alt zu entspanntem Verweilen einladen – eine Möglichkeit, die ich gerne und häufig nutze und dabei die Schönheit und Ruhe dieses Ortes genieße. Ob zu Fuß oder mit dem Fahrrad – auch die nähere Umgebung lädt mit ihren Alleen und stillen Wegen zu Entdeckungen ein.

Die überaus lebendige und konfliktreiche Geschichte des Guts reicht bis ans Ende des 13. Jahrhunderts zurück. 1280 errichtete der Ritter Eberhard von Varendorf auf dem damaligen Hof Sutthausen eine von Wällen und Gräben umgebene Burg. Die Gräben wurden mit Wasser aus der Düte gespeist, die auch heute noch das Gelände des Guts durchfließt. Es folgten unruhige Zeiten, denn von der Burg aus wurden Raubzüge ins nähere Umland unternommen. 1622 erwarb Dietrich von Korff das Areal. Sein Nachfahre Gottfried von Korff ließ 1893/1894 die neuromanische Kapelle errichten. Neben den Gottesdiensten ist das schöne Bauwerk heute auch ein beliebter Ort für Hochzeiten und kulturelle Veranstaltungen. Das Herrenhaus wurde 1696 erbaut und erhielt mit dem Bau des dritten Stockwerks 1902 seine heutige Form. Abgesehen von einer vierjährigen Unterbrechung in der Kriegszeit wird es seit 1935 von Franziskanerinnen genutzt. Die 1951 von ihnen eröffnete Haushaltungsschule befindet sich heute in neuen Gebäuden auf dem Gelände. Sie hat sich zu einer Berufsbildenden Schule mit den Schwerpunkten Sozialpädagogik, Gesundheit, Pflege und Hauswirtschaft entwickelt. Park, Gräfte und die historischen Gebäude stehen unter Denkmalschutz.

Urige Atmosphäre, herzhafte Speisen, Biergarten und Kinderspielplatz bietet die bereits in vierter Generation betriebene Gaststätte *Sutthauser Mühle.*

20

Café-Restaurant
Wilde Triebe
Am Sutthauser Bahnhof 5
49082 Osnabrück
0541 60079033
www.wilde-triebe.de

Atelier Trieb
Volker-Johannes Trieb
Am Sutthauser Bahnhof 5
49082 Osnabrück
0541 597153
www.atelier-trieb.de

GESAMTKUNSTWERK MIT GAUMENFREUDEN

Café-Restaurant Wilde Triebe

Ein Erlebnis für alle Sinne bietet seit 2012 das Café-Restaurant Wilde Triebe im kernsanierten Gebäude des ehemaligen Sutthauser Bahnhofs. Kulinarik und Kunst – an diesem Ort findet sich beides.

Bereits von außen lässt sich das einmalige Ambiente erspüren. Ausdrucksstarke Plastiken und Skulpturen des bekannten Osnabrücker Künstlers Volker-Johannes Trieb begrüßen die Gäste im weitläufigen Eingangsbereich. Triebs Atelier und der zugehörige Garten befinden sich direkt nebenan. Lichtdurchflutete offene Räume birgt das Gebäudeinnere. Auch hier setzt Triebs Kunst Akzente und korrespondiert mit ansprechenden Einrichtungsunikaten. Holztische und unverputztes Ziegelmauerwerk strahlen Ursprünglichkeit aus. Individuell gestaltetes Geschirr fügt sich als Mosaikstein in diese harmonische Gesamtkomposition ein. Das Ambiente regt zur Inspiration und Kommunikation an.

Diese Liebe zum Detail findet auch kulinarisch ihre Entsprechung. Die frisch zubereiteten Köstlichkeiten sind facettenreich – kein Wunder, schließlich wechselt die Speisekarte wöchentlich. Die Inhaberinnen Hanna Börger und Sarah Irwin sowie ihr Team legen dabei großen Wert auf die Auswahl und Zubereitung der Produkte. Zu einem großen Teil stammen diese aus der Region und variieren entsprechend saisonal. Die entspannte Atmosphäre zielt bewusst auf ein breites Publikum, steife Etikette passt nicht hierher. Eine frühe Reservierung ist daher sehr zu empfehlen. Rund 60 Plätze bietet der lauschige Biergarten, vor allem an sonnigen Tagen ein beliebter Ort für Ausflügler. Wie wäre es zusätzlich mit einem Abstecher ins mythenreiche *Iktomia*? So nennt Volker-Johannes Trieb sein besuchbares Atelier und Gartenareal, in dem überdimensionale Werke aus Stahl, kleine Brunnen und hohe Bäume einen Märchenwald für Erwachsene schaffen. Ein herausfordernder Anblick und ein ruhevoller Ort zugleich.

Mit Konzerten, Performances, Lesungen und Ausstellungen bietet das Atelier Trieb ein vielseitiges Kulturprogramm in besonderer Atmosphäre.

ENTLANG DES TEUTOBURGER WALDES

Frühlingslandschaft um Hagen am Teutoburger Wald

21

Töpferei Niehenke
Am Plessen 51
49205 Hasbergen
05405 3313
www.niehenke.eu

Natur- und Geopark TERRA.vita
Am Schölerberg 1
49082 Osnabrück
0541 5014217
www.geopark-terravita.de

ALTES HANDWERK NEU ERLEBT

Töpferei Niehenke

Leise knisternd brennt das Feuer in dem mächtigen Kamin. In den Regalen an den Wänden ringsum glänzt die Töpferware. Die Diele der in siebter Generation betriebenen Töpferei Niehenke ist ein Ort der Behaglichkeit. Sessel und Sofa laden zum Dösen ein, doch dazu bleibt später noch Zeit. Zunächst lockt die Handwerkskunst, denn in einer der ältesten aktiven Töpfereien Norddeutschlands wird rotbrauner Ton zu Töpferware verarbeitet. Zugleich bietet Inhaber Bernd Niehenke mit zahlreichen Konzerten und Veranstaltungen das ganze Jahr über ein unkonventionelles Zusammenspiel von Handwerkskunst und Kulturgenuss, welches weit über Hasbergen und Hagen am Teutoburger Wald hinweg ausstrahlt.

»Das hier ist mein Museum«, bemerkt Niehenke im historisch anmutenden Lagerraum seiner Töpferei. Von den Regalen blicken tönerne Hüggelzwerge auf die Besucher hinab. Zahlreiche Geschichten ranken sich um den »Schmied am Hüggel« und seine Helfer. Von ihnen weiß Niehenke so manche Geschichte zu berichten und nicht nur Kinder hören dabei fasziniert zu. Gerne erklärt der Töpferexperte auch die Bedeutung und Funktion der Gerätschaften in seinem »Museum« – inklusive einer gehörigen Portion Wortwitz.

Vor dem alten Brennofen erweckt Niehenke mit seinen Erzählungen schließlich jene Zeiten zum Leben, in denen sich sein Großvater mit seinen Brüdern hier zum abendlichen Musizieren traf. Dass Niehenke selbst Musik mit plattdeutschen Texten macht und Musik in dieser Töpferei ohnehin eine große Rolle spielt, verwundert nicht mehr. In der Töpferwerkstatt formt er in Windeseile aus einem Klumpen Ton eine filigrane Schüssel. Zum Abschluss erklingen harmonische Akkordeonklänge am Kamin. Mitsingen ist hier ausdrücklich erwünscht. In jeder Hinsicht eine runde Sache.

Im nahe gelegenen Höhenzug des Hüggel bieten Führungen im dortigen Silbersee-Stollen spannende Ausflüge in die Erdgeschichte.

22

Kirschlehrpfad
Startpunkt: Parkplatz
oberhalb des Friedhofs
Zum Jägerberg
49170 Hagen am
Teutoburger Wald
05401 97759 (Führungen)
www.hagen-atw.de

Horses and Dreams
Am Borgberg 3
49170 Hagen am
Teutoburger Wald
05401 896238
www.horses-and-
dreams.de

WO DREITAUSEND KIRSCHBÄUME BLÜHEN

Kirschlehrpfad

Malerisch schmiegt sich die Gemeinde Hagen am Teutoburger Wald in die weitläufige Talmulde. Allein stehende Fachwerkhöfe, Wiesen, Felder und Wälder bilden eine Kulturlandschaft wie aus dem Bilderbuch. »Kirschenhagen« lautet eine weitverbreitete Bezeichnung für den Ort, denn zur Kirschblüte verwandeln tausende Kirschbäume die Landschaft in ein duftendes Blütenmeer.

Bereits seit dem 16. Jahrhundert werden rund um die Gemeinde Süßkirschen angebaut. Günstige Boden- und Klimabedingungen machten den Anbau zu einem wichtigen Nebenerwerb der Bauern. Die Anpflanzung unterschiedlicher Sorten, die über mehrere Monate verteilt nacheinander reiften, sorgte für eine lange und reiche Ernte. Im Verlauf des 20. Jahrhunderts nahm die Bedeutung des Kirschenanbaus in Hagen am Teutoburger Wald jedoch rapide ab. Erst um die Jahrtausendwende erwachte das Bewusstsein um die Bedeutung der Kirschentradition neu. Rund 300 Kirschsorten gedeihen heute in und um Hagen am Teutoburger Wald. Einige, die bereits als ausgestorben galten, wurden im Rahmen wissenschaftlicher Projekte erst in den letzten Jahren wiederentdeckt. Aktiv übernimmt die Gemeinde seither Verantwortung für den Erhalt dieser Vielfalt: Anbauflächen wurden neu ausgewiesen und Jungbäume gepflanzt.

Entschleunigtes Entdecken ermöglicht der Hagener Kirschlehrpfad. Er führt die Besucher mitten durch die seit 2003 angelegte Kirschsortenpflanzung. Auf Tafeln werden neben der Geschichte und Nutzung der Kirsche auch die Fülle ihrer Sorten erklärt. Der Rundweg ist mittlerweile zu einem Lernort für biologische Vielfalt geworden – wer den Pfad nicht alleine erkunden möchte, kann auch eine Führung buchen. Es ist dieses nachhaltige Engagement, das der Hagener Kulturlandschaft, frei nach Goethe, »Wurzeln und Flügel« verleiht.

Das jährlich in der Gemeinde stattfindende Reitsportfestival *Horses & Dreams* hat auch international einen hervorragenden Ruf.

23

Morgenstimmung am Bachlauf direkt oberhalb des Holsteteiches

Kasinopark
Hospitalweg
49124 Georgsmarienhütte
www.georgsmarienhuette.de

Museum Villa Stahmer
Carl-Stahmer-Weg 13
49124 Georgsmarienhütte
05401 40755
www.georgsmarienhuette.de

HEISSES EISEN UND WALDESRUH

Kasinopark

Bereits der Name »Georgsmarienhütte« lässt deutlich erkennen: Die Entwicklung dieser Stadt mit ihren dichten Wäldern ist eng mit ihrer Industrie verknüpft. Tatsächlich hat hier ein großes Stahlwerk, die *Georgsmarienhütte GmbH*, seinen Sitz. Das historisch gewachsene Nebeneinander von pulsierender Industriekultur und üppiger Natur macht die Besonderheit dieser Stadt aus. Dies spiegelt sich auch in der Anlage des Parks, der sich am südlichen Ende hin dem dicht bewaldeten Dörenberg öffnet. Seen mit Springbrunnen und kleine Wasserläufe prägen das Gelände. Zahlreiche schattige Bänke laden zum Verweilen ein.

Ohne die Straße zu überqueren, kann man ganz bequem vom Park aus den Holsteteich erreichen. Mitten im Wald liegt dieser ruhige Ort, an dessen oberem Ende ein kleiner Wasserfall rauscht. In aller Ruhe nehme ich bei meiner Wanderung diese Szenerie in mich auf. Ein klein wenig weiter den Hang hinauf gelange ich schließlich zum Ausflugslokal *Schützenhaus* mit seinem Wanderparkplatz. Wer den weiteren Aufstieg nicht scheut, kann den Weg neben der Gaststätte beschreiten. Er führt ab hier in den immergrünen Nadelwald. Nach weiteren 500 Metern erreiche ich den Varus-Turm. Wer das Abenteuer einer Besteigung in Angriff nimmt (man sollte dafür schon relativ schwindelfrei sein), wird mit einer grandiosen Aussicht auf Georgsmarienhütte und die umliegenden, dicht bewaldeten Höhen belohnt. Dank des weitverzweigten Wegenetzes lässt es sich auch von hier aus stundenlang wandern – inmitten der Natur des Dörenbergs. Mit seinen 332 Höhenmetern ist er die höchste Erhebung im mittleren Teil des Teutoburger Waldes. An warmen Sommertagen bietet sich direkt nach der Besteigung des Turms ein Bad im alten Waldfreibad an, das nur wenige hundert Meter unterhalb liegt.

In einem Kilometer Entfernung zum Park befindet sich im prächtigen Gebäude der Villa Stahmer das sehenswerte Museum der Stadt Georgsmarienhütte.

24

Hermannsturm auf dem Dörenberg
Zugang unter anderem vom Wanderparkplatz Herrenrest
Teutoburger-Wald-Straße 110
49124 Georgsmarienhütte

GUTE AUSSICHTEN

Hermannsturm auf dem Dörenberg

Eine Windjacke im Hochsommer? Für den Besuch des Hermannsturms könnte sich die Mitnahme eines solchen Kleidungsstücks in der warmen Jahreszeit durchaus empfehlen. An keinem anderen öffentlich zugänglichen Ort der Region geht es derart hoch hinaus und entsprechend windig ist es dort mitunter. Auf einer Höhe von 352 Meter über Normalnull befindet sich die Aussichtsplattform, von der aus sich der beeindruckende Kamm des Teutoburger Waldes und seine Ausläufer betrachten lassen. Beim Dörenberg, auf dem sich der Hermannsturm erhebt, handelt es sich um den höchsten Berg im nördlichen Teutoburger Wald. Im Süden fällt der Blick auf die nahegelegene Iburg und die Westfälische Bucht.

Gebaut wurde der Turm im Jahr 1975 im Auftrag der Stadt Georgsmarienhütte. Bereits 1898 wurde an dieser Stelle der zwölf Meter hohe *Eiserne Hermann* errichtet, ein Aussichtsturm, der sich namentlich auf den germanischen Heerführer Arminius (Hermann) bezog. Nordwestlich, auf dem benachbarten Lammersbrink, steht der baugleiche Varusturm. Beide Türme waren fünf Jahre lang aufgrund von Renovierungsarbeiten gesperrt und präsentieren sich Besuchern nun in baulich allerbestem Zustand. Aufgewertet wurde auch das Areal unterhalb des Hermannsturms durch neue Bänke, Spielmöglichkeiten, Informationstafeln und einen riesigen hölzernen Bilderrahmen, der den Blick zur Nordseite des Teutoburger Waldes lenkt und eine schöne Fotokulisse bietet. Interessant ist auch der Trigonometrische Vermessungsstein, der an die 1830 vollzogene Vermessung des Königreichs Hannover erinnert. Für geübte Wanderer empfiehlt sich der 4,9 Kilometer lange Terra.track mit dem passenden Namen *Ganz oben*.

Fabelhafte Lichtstimmungen lassen sich auf der Aussichtsplattform in den Morgen- und Abendstunden genießen. Packen Sie Fernglas und Fotoapparat ein, es lohnt sich!

25

Schloss Iburg
Schlossstraße 30
49186 Bad Iburg
05403 40466 (Führungen)
www.badiburg.de

Schlosskonzerte
Bad Iburg
www.schlosskonzert.de

Gemalte Götter und klassische Klänge

Rittersaal im Schloss Iburg

Majestätisch thront das Schloss Iburg auf dem steil abfallenden Bergsporn am Südrand des Teutoburger Waldes. Ein strategisch gut gewählter Standort oberhalb einer alten Handelsroute von Osnabrück nach Münster. Seit ihren Anfängen im 11. Jahrhundert diente die Doppelanlage, zu der auch eine Benediktinerabtei gehörte, 600 Jahre lang den Osnabrücker Fürstbischöfen als Residenz. Viel ließe sich über die wechselvolle Geschichte dieses Bauwerks erzählen, von dem zahlreiche Impulse für die Region ausgingen.

Nachdem die Anlage im Dreißigjährigen Krieg stark beschädigt worden war, ließ der 1650 zurückgekehrte Fürstbischof Franz Wilhelm von Wartenberg die Residenz erneuern. Den Schlosssaal verwandelte er dabei bis 1661 in einen barocken Prunksaal – dank aufwendiger Renovierungsarbeiten erstrahlt dieser heute wieder in altem Glanz.

Die damalige ästhetische Umsetzung knüpfte an antike Vorbilder an. Besonders deutlich kommt dies in dem beeindruckenden Deckengemälde zum Ausdruck: Im Mittelpunkt befindet sich der Göttervater Zeus, umgeben von acht Herkules-Szenen. Mit der ungewöhnlichen Perspektive wird beim Betrachter die Illusion einer Öffnung des Raums zum Himmel erzeugt. Bemerkenswert ist, dass für dieses älteste erhaltene Bildnis seiner Art nördlich der Alpen kein biblisches Motiv gewählt wurde. Doch die Gestaltung orientierte sich am gängigen mythologischen Spektrum der Zeit und verfolgte vor allem repräsentative Zwecke.

Staunend wird auch die kleine Sophie Charlotte von Hannover auf das Gemälde geblickt haben. 1668 wurde sie im Schloss Iburg geboren und verbrachte dort ihre ersten fünf Lebensjahre. 1701 wurde sie an der Seite von Friedrich I. erste Königin in Preußen. Heute bietet der Saal jährlich zwischen September und April eine festliche Kulisse für klassische Konzerte.

Mit einem abwechslungsreichen Führungsprogramm lässt sich das Schloss und dessen bewegte Geschichte erkunden. Empfehlenswert sind auch die Kinderführungen.

26

Schlosspark
Charlottenburger Ring
49186 Bad Iburg
www.badiburg.de

Die Försterei am Baumwipfelpfad
Philipp-Sigismund-Allee 2
49186 Bad Iburg
05403 7247611
www.foersterei-am-baumwipfelpfad.de

Gartenlandschaften erleben

Schlosspark

Ruderboote ziehen auf dem Charlottensee gemächlich ihre Bahnen. Im Hintergrund erhebt sich der als Bennoturm bekannte Bergfried des Iburger Schlosses. Das Panorama, das sich dem Spaziergänger von der Rasenfläche aus bietet, gleicht einer visuellen Komposition. Historische Kulisse und weitläufige Grünanlagen ergänzen sich dabei trefflich. Gemeinsam mit dem nahen Waldkurpark bildet das Gelände eine weitläufige und vielseitige Parklandschaft. Zwar bot das zentral gelegene Parkareal um den Bad Iburger Schlossberg bereits in der Vergangenheit viel Sehenswertes, doch vor allem in Vorbereitung auf die Landesgartenschau 2018 wurden die Potenziale mit klaren Konzepten in Szene gesetzt. Bei Besuchern beliebt ist seither auch der nahe Baumwipfelpfad.

Den historischen Quellen zufolge wurden auf zahlreichen Flächen des Schlossbergs bereits in früheren Zeiten Gärten angelegt. Überlieferte Gestaltungselemente greift der Knotengarten im Süden des Schlossparks auf: Akkurat zurechtgeschnittene Hecken bilden hier ein filigranes Muster. Etwas weiter beeindruckt der Abtsgarten des ehemaligen Benediktinerklosters nicht nur mit seiner terrassenförmigen Anlage – auch der Blick auf die Iburger Altstadt samt ihren Cafés, Restaurants und schmucken Lädchen lohnt sich. Markant zeichnen sich auch die Höhenkonturen des nahen Freeden ab. Lebhafter geht es auf der unmittelbar nördlich des Schlosses gelegenen Schlosswiese zu. Der dort liegende Kneipp-Erlebnis-Park ermöglicht ein feuchtes Freizeitvergnügen, das alle Altersschichten anspricht.

Wenn sich am Abend schließlich die Dunkelheit über das Parkgelände legt und das Schloss eindrucksvoll im Scheinwerferlicht erstrahlt, entsteht eine neue Perspektive, der ein ganz eigener, heimeliger Zauber innewohnt.

Stilvolles Ambiente und Spitzengastronomie lassen sich im Restaurant-Café *Die Försterei am Baumwipfelpfad* genießen.

27

Naturschutzgebiet Freeden
Startpunkt: Wanderpar-
platz Zum Freeden
Bergstraße/Zum Freeden
49186 Bad Iburg

Tourist-Information
Am Gografenhof 3
49186 Bad Iburg
05403 40466
www.badiburg.de

Auf schmalem Grat durchs Blütenmeer

Naturschutzgebiet Freeden

Markant heben sich der Kleine und Große Freeden vom Höhenzug des Teutoburger Waldes ab. Die steilen Hänge des östlich an Bad Iburg grenzenden Berges sind mit Buchen dicht bewaldet. Im Jahr 2002 wurde das 224 Hektar große Areal zum Naturschutzgebiet erklärt. Von dem gut erreichbaren Wanderparkplatz *Zum Freeden* aus lässt sich das Gebiet auf Schusters Rappen erkunden. Je nach Lust und Laune kann ein acht Kilometer langer Rundweg oder auch eine kürzere Variante gewählt werden.

Ich beschreite den Hermannsweg. Er führt bergauf, immer entlang des Bergkamms, bis auf eine Höhe von 269 Metern. Vor allem im Frühjahr wird das Gelände zu einem Anziehungspunkt für Naturliebhaber – für wenige Wochen überzieht dann ein lila-weißer Teppich den Waldboden. Frühblüher wie Lerchensporn, Waldbingelkraut, Buschröschen und Bärlauch gedeihen auf dem kalkhaltigen Boden und verwandeln die Hänge in dieser Zeit in ein Blütenmeer. Auch Hasen, Rehwild, Damhirsche und Wildschweine fühlen sich hier das ganze Jahr über wohl. Klopfend machen sich Bunt- und Grünspecht bemerkbar.

Auf einer Fläche von etwa 41 Hektar, die Teile des Nord- und Südhangs sowie den Kamm des Großen Freeden umfasst, bleibt der Wald vollständig sich selbst überlassen. Das Altern, Sterben und Zersetzen der Bäume wird in diesem Naturwald wieder Teil des natürlichen Kreislaufes. Der hohe Anteil von Alt- und Totholz bietet seltenen Pilz- und Käferarten sowie zahlreichen weiteren Insekten ein ideales Refugium.

Der Freedenbach, gespeist von zahlreichen Quellen im Naturschutzgebiet, bezaubert durch seine Natürlichkeit. Fische wie die Mühlkoppe oder die Bachforelle tummeln sich in seinem sauberen Wasser. Auch Feuersalamander sind im Freedenbachtal zu Hause. Zurück am Wanderparkplatz danken die müden Füße für einen belebenden Gang durch das kneippsche Wassertretbecken.

Geführte Wanderungen erschließen nicht nur den Freeden, sondern auch weitere Gebiete um Bad Iburg. Näheres dazu gibt es bei der Tourist-Information.

ES GRÜNT SO GRÜN

Natur- und Geopark TERRA.vita

Er birgt eine außergewöhnliche Vielfalt an Landschafts- und Naturräumen – der 1.500 Quadratkilometer große Natur- und Geopark TERRA.vita. Sein Gebiet erstreckt sich vom großen Weserbogen an der Porta Westfalica über die Friedensstadt Osnabrück bis zum Hahlenmoor im Artland und von Bielefeld bis zum Wasserdreieck Mittellandkanal/Dortmund-Ems-Kanal in Hörstel. Der größte Teil des Parks gehört dabei zum Landkreis Osnabrück. Bereits seit 1962 widmet sich der Naturparkverein der Aufgabe, über diese einmalige Kulturlandschaft zu informieren und die vielfältigen Möglichkeiten für Besucher erlebbar zu machen.

Der ungewöhnliche Name des Parks lässt sich mit »Lebenslauf der Erde« übersetzen. In dieser Bezeichnung spiegelt sich die Ausrichtung des Parks auf das Thema Erdgeschichte wider, und das aus gutem Grund. Ein außergewöhnliches Nebeneinander unterschiedlicher Gesteine, Böden und Landschaftsformen bildet eine geologische Vielfalt, die zugleich auch wertvolle Lebensräume für Tiere und Pflanzen hervorbringt. Vor diesem Hintergrund gilt der Park als erster Themennaturpark Deutschlands. Versteinerte Saurierfährten in Barkhausen, Fossilienfunde am Piesberg, der Silbersee-Stollen im Hüggel bei Hasbergen, zahlreiche ehemalige Steinbrüche, die sich zu Refugien für bedrohte Tierarten entwickelt haben – nur einige der Orte im Osnabrücker Land, an denen die Erdgeschichte erfahrbar wird. 2001 gelang es TERRA.vita als erstem deutschen Naturpark die Anerkennung im Netzwerk der europäischen Geoparke zu erlangen. Die UNESCO würdigte die erdgeschichtliche Vielfalt und das Konzept des Parks 2004 mit dessen Aufnahme in das globale Geoparknetzwerk.

80 Prozent der Naturparkfläche stehen unter Landschaftsschutz. Ob bei Wanderungen, Radtouren, Fahrten mit dem Heißluftballon und dem Kanu oder dem Besuch spannender Lehrpfade – umweltfreundlicher und sanfter Tourismus werden hier großgeschrieben.

Schon immer bot das Gebiet gute Lebensbedingungen, landschaftlich wie auch klimatisch. Zahlreiche Hügelgräber zeugen von der frühen Besiedlung. Im Laufe der Jahrhunderte wandelten sich die Lebensstrukturen, dennoch behielt die Region ihre ländliche und kleinbäuerliche Prägung. Ob Wallburgen aus der Frankenzeit, frühmittelalterliche Burgen oder Klöster, es sind Zeugnisse einer lebendigen und zuweilen auch konfliktreichen Geschichte. Viele dieser historischen Orte können Interessierte besichtigen. Eine große Vielfalt an Regional- und Heimatmuseen gibt zudem Auskunft über vergangene Wohn- und Lebensformen.

Insgesamt 2.300 Kilometer Fern- und Rundwanderwege erschließen den Naturpark. So führt unter anderem der Hermannsweg über die Gebirgskämme des Teutoburger Waldes, während der Wittekindsweg den Wanderer das Wiehengebirge durchstreifen lässt. Mühlensteig, Handels-, Ahorn-, Hühnen- und Arminiusweg ermöglichen weitere attraktive Wanderungen, von den vielen anderen regionalen Rundwanderwegen ganz zu schweigen. Unter diesen sind insbesondere die gut markierten *Terra.tracks* hervorzuheben. Über 80 von ihnen gibt es mittlerweile im Osnabrücker Land. Viele Informationstafeln geben unterwegs Auskunft über Land und Leute. Für Radfahrer sind die eigens vom Naturpark ausgewiesenen Terratrails zu empfehlen. Auf 17 Rundkursen zwischen 20 und 70 Kilometern Länge bieten diese ausgewählten Routen, jenseits asphaltierter Straßen, interessante Stationen zu Archäologie, Architektur, Bergbau und Erdgeschichte.

Überall im Naturparkgebiet stößt der Besucher auch auf Landwirte, die ihre selbst erzeugten Waren in eigenen Hofläden verkaufen. Der Naturpark TERRA.vita nimmt hier eine wichtige Brückenfunktion wahr. Er bringt, auch über seine Homepage, Erzeuger und Konsumenten zusammen. So leistet der Naturpark auf vielen Ebenen seinen Beitrag dazu, dass sich die Menschen mit ihrer Region identifizieren und für ihren Schutz aktiv werden. www.geopark-terravita.de

28

Ballonfahrt im Osnabrücker Land
Ein Startplatz liegt auf der Freifläche an der
Remseder Straße 5
49196 Bad Laer

Luftsportschule Gerhard Berwanger
Dunlopstraße 12
33689 Bielefeld
05205 950333
www.luftsportschule.de

Weite, Wind und ein wenig Wagemut

Ballonfahren mit der Luftsportschule Gerhard Berwanger

»Eine wirklich ungewöhnlich gute Fernsicht heute.« Gerhard Berwanger lässt ruhig den Blick schweifen, während sich unter ihm die bewaldeten Höhen des Teutoburger Waldes ausbreiten. Über ihm spannt sich der riesige Ballon. Zu Berwangers »Revier« zählt auch das Osnabrücker Land. Regelmäßig betätigt er den Brenner und hält damit den Ballon in gewünschter Höhe. Jede Ballonfahrt sei anders, das Licht, die Wolken, die Richtung des Windes. Seine Luftsportschule ist die älteste professionelle Ballonfahrerschule Deutschlands. Sie bietet auch Gästefahrten an. Ob es dann tatsächlich in die Luft gehen kann, entscheidet er letztlich immer noch anhand der Wetterlage. Bei Regen oder starkem Wind bleibt der Ballon aus Sicherheitsgründen unten. An diesem warmen Augustabend sind die Bedingungen jedoch optimal, und sanft gleitet der Ballon über die malerische Landschaft der Borgloher Schweiz. Eine Ballonfahrt fasziniert nicht nur die Passagiere in der Luft, sondern auch die Menschen am Boden – das beweisen winkende Anwohner ebenso wie die vielen Autos, die am Straßenrand halten, um die Erscheinung am Abendhimmel eine Weile zu verfolgen.

Die Dämmerung liegt bereits über der Landschaft, als der Ballon auf einer stillen Wiese zur Landung ansetzt. Volle Konzentration ist jetzt gefragt. Zweimal holpert der Korb am Boden, dann bleibt er stehen. Das sei nicht immer so, betont Berwanger Die Windverhältnisse am Boden könnten ganz andere sein als weiter oben, und was auf Laien manchmal wie eine Notlandung wirke, sei in Wahrheit oft ein ganz normaler Vorgang. Schon bald wird der erfahrene Ballonpilot wieder in die Lüfte steigen, wenn das Wetter es zulässt. Der Wind wird ihn, seine Passagiere und den Ballon mit sich tragen. Wohin genau? Wie weit? »Man wird sehen.«

Die Gästefahrten der Luftsportschule starten im Osnabrücker Land unter anderem in Melle, Bohmte und Bad Laer. Auch Frühfahrten und Gruppenfahrten sind möglich.

29

Erlebnis-Kurpark Bad Laer
Kurgartenallee 1
49196 Bad Laer
www.bad-laer.de

Bad Laer Touristik
Glandorfer Straße 5
49196 Bad Laer
05424 291188
www.bad-laer.de

MIT ALLEN SINNEN ENTSPANNEN

Erlebnis-Kurpark

Still liegt die Wasserfläche im Licht eines lauen Spätsommerabends. Stockenten ziehen gemächliche Runden, ein Schwan reckt stolz den Hals. Nur wenige Besucher schlendern noch den Uferweg des Erlebnis-Kurparks im Zentrum Bad Laers entlang. Sie genießen die Ruhe und die wärmenden Sonnenstrahlen, die sich auf der Oberfläche des Glockensees brechen. Der sechs Hektar große Kurpark inmitten des staatlich anerkannten Sole-Heilbades bietet auch Raum für weitere Aktivitäten. Nur wenige Meter entfernt sprudelt eine Solequelle aus dem Boden, die den See und den nahen Salzbach speist. Unter dem Motto »Sole erleben mit allen Sinnen« können Besucher seit der umfassenden Parksanierung 2009/2010 auf einem Steg die offene Quelle beobachten – und direkt daneben im Gradierpavillon erst einmal durchatmen. Etwas aktiver geht es im Wassertretbecken im fließenden Salzbach zu. Auch der Barfußpfad und Bewegungsparcours sind gut für die Gesundheit und runden das kurzweilige Angebot ab.

Mehrere Informationstafeln auf dem Parkareal erläutern die geschichtlichen Hintergründe der 1.160 Jahre alten Gemeinde. Nur wenige Gehminuten entfernt liegt der historische Ortskern. Neben seinen Fachwerkbauten, Cafés, Geschäften und Restaurants beherbergt er auch das hoch aufragende Wahrzeichen Bad Laers: Den hellgrauen, als »grieaser Tuarm« bezeichneten Kirchturm von St. Marien. Er ist der einzige mittelalterliche Turm des Osnabrücker Landes, der keine Spitze besitzt, sondern ein Satteldach mit sogenanntem Treppengiebel. Zwei Meter dicke Wände demonstrieren seine wehrhafte Vergangenheit. Als Kirchburg bildete er, zusammen mit den Häusern ringsum, im Bedarfsfall einen kompletten Ring. Die ältesten Teile stammen aus der Zeit von 1010–1050. Dies macht ihn zu einem der ältesten frühromanischen Wehrkirchtürme Norddeutschlands.

Alljährlich taucht das *Fest der tausend Fackeln* den Kurpark mit Feuerwerk, Wasserorgel und Lasershow in ein buntes Lichtermeer. Dazu erklingt Musik.

30

Kleiner Berg
Startpunkt Geoinformationspfad: Ende der Straße
Auf dem Blomberg
49196 Bad Laer

Lehrbienenstand des Imkervereins Dissen und Umgebung e.V.
Auf dem Blomberg
49196 Bad Laer
www.imkerverein-dissen.de

KLEINER BERG GANZ GROSS

Kleiner Berg

Wie eine Insel ragt der Kleine Berg vor dem Höhenzug des Teutoburger Waldes aus der Landschaft. An seinen Ausläufern im Südwesten und Südosten befinden sich die beiden Kurbäder Bad Laer und Bad Rothenfelde. Ihre Lage ermöglicht Besuchern einen direkten Zugang zu dem Netz an naturnahen Pfaden und Wanderwegen, die den Berg und seine bemerkenswerte Pflanzenwelt erschließen. Zugleich schaffen diese eine bequem erwanderbare Verbindung zwischen beiden Orten. Mit fünf Kilometern Länge, drei Kilometern Breite und maximal 206 Höhenmetern bietet der Berg einen zwar vergleichsweise übersichtlichen, aber auch ungewöhnlich vielfältigen Raum für Naturerlebnisse – deshalb genießt er einen besonderen Status und gehört zum europäischen Schutzgebietsnetz *Natura 2000*.

Unser Weg beginnt in Bad Laer, am Ende der Straße *Auf dem Blomberg*. 2014 eröffnete hier der 6,4 Kilometer lange Geoinformationspfad, der als Rundweg angelegt wurde. Er verspricht nichts weniger als eine Reise durch die Erdgeschichte. Im Rahmen eines Geothermie-Projekts zur Erderwärmung stießen Wissenschaftler auf interessante Bodenprofile und Steinbrüche. Durch diese lässt sich die Klimaentwicklung der Erdgeschichte nachvollziehen. Anschaulich werden diese Zusammenhänge auf den Schautafeln des Pfades erklärt. Parallel zum Geoinformationspfad verläuft auch der Gesundheitspfad Rückenfit.

Niedrig gewachsene, oft ungewöhnlich geformte Buchen bestimmen das Bild. Sie sind Zeugnisse der Niederwaldnutzung, die einst den gesamten Kleinen Berg prägte. Auch knorrige Eichen am Wegesrand beeindrucken und bieten zugleich Spechten und Fledermäusen ein Zuhause. Auf halber Strecke belohnt der Aussichtsturm Lüdenstein den Aufstieg in 23 Meter Höhe mit einer wunderbaren Aussicht auf die Region.

Der unweit des Startpunktes des Geoinformationspfades liegende Lehrbienenstand lohnt einen Abstecher. Auch Führungen sind nach Terminvereinbarung möglich.

31

Neues Gradierwerk
Bahnhofstraße/Hannoversche Straße
49214 Bad Rothenfelde

Kur und Touristik Bad Rothenfelde
Am Kurpark 12
49214 Bad Rothenfelde
05424 22180
www.bad-rothenfelde.de

LEISE RIESELT DIE SOLE

Gradierwerke

Schnurgerade ziehen sich altes und neues Gradierwerk durch die Kurparkanlage Bad Rothenfeldes. Beide versprühen historischen Charme. Mit seinen 114 Metern Länge beeindruckt das alte Gradierwerk seit 1774 – die Maße des neuen Baus fallen aber in eine ganz andere Kategorie. Mit 412 Metern Länge und zwölf Metern Höhe ist es das längste Gradierwerk Europas in stützenfreier Bauweise. Zwischen 1818 und 1822 erbaut, diente es bis 1969 zur industriell betriebenen Salzgewinnung. Seither zieht das auf einer wallartigen Erhöhung stehende Bauwerk Erholungs- und Entspannungssuchende an. Dabei bietet es den flanierenden Gästen Eindrücke, die alle Sinne ansprechen.

Von den feinen Verästelungen des Schwarzdorns tropft es beständig. Feinste Salzteilchen schweben in der Luft, legen sich auf die Lippen, wecken Meeresassoziationen. Ich halte ein, atme durch – der Rundgang um die Gradierwerke gleicht einem Kurzurlaub für Körper, Geist und Seele. Direkt unterhalb des Walls lädt ein Rosengarten zum seligen Nichtstun auf den Parkbänken ein. Der Rosenduft aus mehr als 6.500 Blütenkelchen vermischt sich mit der Sole. Lohnenswert ist auch der Ausblick von der Besucherplattform am Windrad des neuen Gradierwerks, direkt neben dem Garten.

Nach der Umrundung der Anlage betrete ich den 80 Meter langen Inhalationsgang, der einen Blick in das Innere des neuen Gradierwerks erlaubt. Mein Blick fällt auf die alte Balkenkonstruktion und den dichten Schwarzdorn dazwischen. Aus der Inhalationskammer dringen weiße Schwaden. Das Solewasser wird hier in dichten Nebel verwandelt, eine Wohltat bei Schnupfen, Heiserkeit und Pollenallergien. Der am Eingang angebotene Regenumhang schützt meine Kleidung dabei vor dem Soleniederschlag. Nach dieser Atemkur lasse ich in einem der nahen Cafés meine Eindrücke Revue passieren.

Bei der mehrmonatigen Projektions-Biennale *Lichtsicht* verwandeln 50 lichtstarke Beamer die Gradierwerkskulisse in ein bildgewaltiges Kunstwerk.

32

Carpesol Spa Therme
Frankfurter Straße 15
49214 Bad Rothenfelde
05424 2214600
www.carpesol.de

Entspannen unter gläserner Kuppel

Carpesol Spa Therme

Wohlig warm umspielt das Natursole-Wasser den Körper. Einige Meter entfernt rauscht sanft die Fontäne im hellen Tageslicht. Auf einer der Unterwasserliegen im großen Thermalbecken habe ich es mir bequem gemacht. Neugierig schweift mein Blick nach oben. Bis auf 16 Meter Höhe erstreckt sich die gläserne Kuppel und gibt den Blick auf den Himmel frei. Bereits von außen erinnerte sie mich ein wenig an den Kuppelbau des Reichstags. Doch ich bin mir sicher, dass die meisten Parlamentarier in diesem Moment nur zu gern mit mir tauschen würden.

Unweit des Kurparks, im Zentrum Bad Rothenfeldes gelegen, ermöglicht das *Carpesol* Entspannung pur. Auf über 4.000 Quadratmetern hält die Spa-Therme eine Fülle an Möglichkeiten bereit. Zahlreiche unterschiedlich temperierte Becken mit mineralhaltigem Wasser laden zum Eintauchen ein. Wer es etwas temporeicher mag, zieht im Sportbecken seine Bahnen. Ein breites Kursprogramm sorgt zudem die ganze Woche über für Abwechslung. Ob Schwimmkurse oder Wassergymnastik, hier ist für Jung und Alt das Passende dabei.

Angenehmes Schwitzen ermöglicht die Sauna-Welt. Freeden, Sparren, Extern und Velmers – die Namen der Saunen greifen Orte des Teutoburger Waldes auf. Die große Dachterrasse lädt zum Sonnenbaden ein. Mit einem entspannten Plätzchen lockt unter anderem auch der dortige Whirlpool.

Warme Öle und angenehme Düfte schaffen im Spa-Bereich eine behagliche Atmosphäre. Eine Besonderheit ist hier das römisch-irische Bad. Zehn Stationen, wie Heißluft- und Dampfbad, umfasst das erlebnisreiche Baderitual. Danach lässt sich, in warme Decken gehüllt, ein Rundum-Wohlgefühl auskosten. Am Abend erstrahlt die große Kuppel bei einer Lightshow in bunten Farben. Auch das hat der Reichstag nicht zu bieten.

»Osning« – so lautete bis ins 16. Jahrhundert die Bezeichnung für den Teutoburger Wald. Das gleichnamige Restaurant im *Carpesol* bietet schöne Ausblicke und gutes Essen.

33

Zu jeder Jahreszeit bietet der Ausblick von der Aussichtsplattform des Dissener Fernmeldeturms beeindruckende Impressionen

Lernstandort Noller Schlucht
Rechenbergstraße 100
49201 Dissen am Teutoburger Wald
05421 94330
www.nollerschlucht.de

NACHHALTIG DEN HORIZONT ERWEITERN

Umweltbildungsstandort *Noller Schlucht*

Schön ist es hier, umgeben von stillen Höhen. Dichte Buchenwälder und zahlreiche Quellen prägen das Gelände rund um die Noller Schlucht. Ein wertvoller und zugleich sensibler Landschaftsraum, der zahlreiche Naturschätze birgt.

In einem über hundert Jahre alten Gebäude entstand 1986 eine Umweltbildungseinrichtung, die auch über die Region hinaus von großer Bedeutung ist. Der Lernstandort *Noller Schlucht* gehörte damals zu den ersten Einrichtungen seiner Art in Niedersachsen. Das breit gefächerte Angebot an Exkursionen und Seminaren ermöglicht Einblicke in den Naturraum des Teutoburger Waldes, die staunen lassen. Bildung für eine nachhaltige Entwicklung ist hier kein Schlagwort, sondern gelebte Praxis. Dabei wird der Bezug zur Region und ihren Naturräumen besonders herausgestellt. In den Arbeitsräumen, Laboren und Werkstätten des Umweltbildungszentrums dürfen ökologische Zusammenhänge von den Besuchern erforscht werden. Draußen warten im Klettergarten Abenteuerstationen aus Naturmaterialien. Grundschulklassen sind häufig im Schulgarten zu Gast – mit viel Begeisterung pflegen, jäten und ernten sie, was dort wächst und gedeiht.

Zwar richten sich die Angebote des Lernstandortes vor allem an Kinder und Jugendliche, aber auch Erwachsenengruppen und Familien können hier viel Wissenswertes über die Natur in der Region erfahren. Als Ausgangspunkt für Wanderungen in die umliegenden Wälder bietet sich der Lernstandort ebenfalls an. Ein nahes Ziel ist die Aussichtsplattform des Dissener Fernmeldeturms. Allerdings bleibt sie den schwindelfreien Besuchern vorbehalten, denn die Wendeltreppe zur Plattform ist nichts für schwache Nerven. Wer den Aufstieg wagt, wird mit einem atemberaubenden Panoramablick auf das bewaldete Bergland belohnt – und das zu jeder Jahreszeit.

Am nahen Wanderparkplatz *Noller Schlucht* beginnt der 4,4 Kilometer lange Terra.track *Kalksteinklippe*. Vor allem im Frühling lassen sich von ihm aus zahlreiche »Frühblüher« beobachten.

34

Kräuter am Wedeberg, Karin Hilbrenner
Johannisweg 14
49326 Melle-Wellingholzhausen
05429 929446
www.kraeuter-am-wedeberg.de

Fachwerk 1775
Am Ring 40
49326 Melle-Wellingholzhausen
www.fachwerk1775.de

Waldwellness und Kräuterduft

Kräuter am Wedeberg bei Wellingholzhausen

»Bunt sind schon die Wälder, gelb die Stoppelfelder, und der Herbst beginnt. Rote Blätter fallen, graue Nebel wallen, kühler weht der Wind.« So heißt es in der ersten Strophe des bekannten Volksliedes von Johann Gaudenz von Salis-Seewis. Der Herbst ist im nördlichen Teutoburger Wald zweifellos eine besondere Zeit. Das Blätterwerk in den Wäldern leuchtet in Orange- und Rottönen. Ein Waldspaziergang ist vor allem zu dieser Jahreszeit ein Erlebnis. Die Luft ist klar, doch noch fehlt ihr die Kälte des herannahenden Winters. Es hat etwas Feierliches, an sonnigen Herbsttagen durch die Natur zu spazieren. Nur kurz flackert das Wissen um die Vergänglichkeit dieses Naturschauspiels auf – gerade dann, wenn sich kurzzeitig eine dunkle Wolke vor die Herbstsonne schiebt und den Wald in tiefe Schatten taucht. Doch wenn einige Momente später wieder Licht durch die Bäume fällt, wirkt es, als sei nichts gewesen.

Dass ein Waldspaziergang gut für die Gesundheit ist, belegen zahlreiche wissenschaftliche Studien. Das Naturerlebnis spricht alle Sinne an und hebt die Stimmung. Stress baut sich dabei nachweislich ab und Entspannung stellt sich ein. Die Waldluft ist zudem so staubarm wie ansonsten nur im Gebirge oder am Meer.

Ein echter Geheimtipp für einen ruhigen Waldspaziergang ist der abgeschieden gelegene Johannisweg in Vessendorf. Wie riesige Landschaftsgemälde wirken die Panoramen, die sich entlang seines Verlaufs eröffnen. Hier ist Karin Hilbrenner mit ihrem Mann zu Hause. Die engagierte Kräuterexpertin zaubert in der eigenen Kräuterwerkstatt schmackhafte Produkte. Beim Kräuterfrühstück in ihrem »Schattengarten« im Wald können Gruppen diese Vielfalt probieren. Während der angebotenen Ausflüge in die umliegende Natur werden Kräuter bestimmt und gesammelt. Nach anschließender Zubereitung darf dann ausgiebig gekostet werden.

Interessante Veranstaltungen bietet das Kulturhaus *Fachwerk 1775* in Wellingholzhausen. Mit Aussichtsturm und Ausflugslokal lockt der nahe Beutling.

35

Renkenörener See
Ebbendorfer Straße/
Zur Wolfsquelle
49176 Hilter am Teutoburger Wald-Ebbendorf
www.heimatverein-borgloh.de

Aktuelle Öffnungszeiten für den See und Wasserturm finden Sie auf der Website

DAS KLEINE PARADIES

Renkenörener See in Ebbendorf

Ein ruhiger Platz am Wasser kann den Gedankenfluss anregen, inspirierend wirken und zugleich zur Entspannung einladen. Auf den Renkenörener See im Hilteraner Ortsteil Ebbendorf trifft all dies zu – und doch ermöglicht ein Besuch weitaus mehr. Die Vielfalt der Gestaltungselemente und Kunstwerke am Ufer fasziniert. Durch die unmittelbare Nähe zum Wasser erhalten diese eine ganz eigene, besondere Aussagekraft. Der See bildet das ruhende Zentrum dieser Gesamtkomposition.

1971 erwarb das Ehepaar Ludwig und Ingeburg Thomas das älteste Haus in Renkenören und sanierte es liebevoll. Nach dem Erwerb eines direkt an das Haus angrenzenden Grundstücks, durch das sich die Wolfsquelle schlängelte, legten sie den etwa 6.000 Quadratmeter großen See an. 1976 wurde er fertiggestellt. Im Dezember 2004 überschrieb Ingeburg Thomas dem Heimatverein der Samtgemeinde Borgloh das Seegrundstück als Stiftung. In den folgenden Jahren wurde die Anlage teilweise erneuert und erweitert. Dabei konnten die Vereinsmitglieder, neben der sorgsamen Pflege des Areals, viele neue Ideen umsetzen. Neben lauschigen Sitzplätzen sind am Seeufer unter anderem eine japanische Meditationsanlage, Statuen und Figuren sowie ein aufwendig gestalteter Barockbrunnen zu finden. Ein Bootssteg ragt in den See, große Weiden, Rotbuchen und Eichen säumen vor allem im Norden das Gewässer. Beeindruckend sind die entlang des Uferweges aufgestellten Skulpturen. Mal modern, mal an klassizistische Formen und Motive angelehnt bieten sie eine Vielfalt an Ausdrucksformen und assoziativen Anspielungen. Die Künstler stellen für diese Präsentation ihre Kunstwerke kostenlos zur Verfügung. Schilder informieren über die jeweiligen Künstler – wer möchte, kann über die angegebenen Daten Kontakt zu ihnen aufnehmen.

Südöstlich des Sees liegt ein Wasserturm – der Blick von seiner Aussichtsplattform in die auch als »Borgloher Schweiz« bezeichnete Gegend lohnt sich.

VON BISSENDORF NACH MELLE

Stimmungsvoller Sonnenaufgang zwischen Gesmold und Wellingholzhausen

36

Zittertal
Im Zittertal
49143 Bissendorf
www.bissendorf.de

Gasthof Zittertal
An der Zitter 1
49143 Bissendorf
05402 3622
www.zittertal.de

EIN LIEBLICHES TAL

Zittertal

Der Name Zittertal hat etwas Filigranes an sich. Der Weg in dieses so schöne Tal gibt sich bescheiden, nur einige Schilder weisen auf die Abzweigung hin. Würde man nicht nach diesem Landstrich suchen, man führe vorbei. Es ist diese versteckte Lage und die vermeintliche Unscheinbarkeit, welche das kleine Tal für mich so liebenswert macht. In ihrer geografischen Begrenztheit haben Täler, so verschieden sie auch in ihrem Erscheinungsbild sein mögen, etwas Beschützendes an sich. Zuweilen wirken sie wie Rückzugsorte, die sich zumindest teilweise der allgegenwärtigen Schnelllebigkeit zu entziehen scheinen.

Ich folge der schmalen Straße ins Tal hinein und gelange schon bald in einen kleinen Buchenwald. Dieser öffnet sich zur linken und bietet so einen Zugang zur Zitter, jenem Bach, dem das Tal seinen Namen verdankt. Etwas weiter erreiche ich offeneres Weidegelände. Pferde grasen friedlich auf den Wiesen, an den Apfelbäumen reifen die Früchte im wärmenden Sonnenlicht. Einige Fachwerkhäuser gruppieren sich am Straßenrand zu einem anheimelnden Ensemble. Hier findet sich nicht das Spektakuläre, sondern vielmehr eine ganz schlichte, ländliche Ruhe. Die Landschaft wurde über viele Jahrhunderte mit Bedacht vom Menschen geformt und genau das ist sichtbar.

Nach rund einem Kilometer ist auf der rechten Seite die Abzweigung »An der Zitterquelle« erreicht. Von hier aus sind es nur noch wenige hundert Meter zum traditionsreichen Gasthof und Ausflugslokal *Zittertal*. Auf dessen gepflegten Rasenflächen lässt es sich, fernab von Hektik und Straßenlärm, herrlich entspannen und die regional orientierte Küche genießen. In der kälteren Jahreshälfte bieten die Innenräume ein gemütliches Refugium.

In seiner ganzen Schönheit präsentiert sich das Zittertal auf einem rund sieben Kilometer langen Rundwanderweg. Der *Terra Track Zittertal* bietet zahlreiche Ausblicke und idyllische Waldpfade. Er beginnt am Wanderparkplatz an der Straße »Zum Rochusberg«.

37

Holte
Startpunkt Spaziergang:
An der Holter Kirche
49143 Bissendorf-Holte
www.bissendorf.de

KEIN SCHÖNER LAND

Spaziergang durch Holte

Umrahmt von bewaldeten Hügeln scheint die denkmalgeschützte Kirchensiedlung Holte in einen Dornröschenschlaf gefallen zu sein. Fast schon zeitlos möchte man diesen Flecken Erde nennen, der sich durch sein besonderes historisches Ambiente einen seltenen Zauber bewahrt hat. Eine übersichtliche dörfliche Struktur präsentiert sich hier dem Betrachter. Um die kleine lindengesäumte Kirche St. Urban gruppieren sich Meierhof, Pastorat, altes Schulhaus und eine Gastwirtschaft. Seinen Namen verdankt der 850 Jahre alte Ort dem Adelsgeschlecht von Holte. Eine von den Adelsherren als Stammsitz gebaute Höhenburg wurde bereits 1147 zerstört und nicht wieder aufgebaut. Reste der etwas außerhalb der Ortschaft liegenden Burgruine wurden freigelegt – sie lohnen in jedem Fall einen Besuch. Auch das reizvolle Umland lädt zu Erkundungen ein. Auf dem 8,5 Kilometer langen *Heimatkundlichen Rundweg* um Holte geben 26 Hinweistafeln Auskunft über Bau- und Naturdenkmäler, Brauchtum und die Region.

Eine tiefe Ruhe liegt an diesem lauen Sommerabend über der Ansiedlung. Auf der Eingangstreppe eines Fachwerkhauses hat es sich eine Katze bequem gemacht und schaut entspannt zu mir herüber. Ich folge der kopfsteingepflasterten Straße, um nach wenigen Metern einen Weg den Hang hinaufzugehen. Die Abendsonne wirft goldene Lichtstreifen auf die weitläufige Wiese am Siedlungsrand. Die Apfelbäume stehen bereits im Schatten. Wenige Meter entfernt, am Rande eines Wäldchens, lädt eine Bank zum Verweilen ein, eine Gelegenheit, die ich dankbar annehme. Zwei Wanderer kreuzen meinen Weg. Ich erwidere ihren freundlichen Gruß, in dem sich, so mein Eindruck, eine Art gemeinsames Einverständnis offenbart. Zur gleichen Zeit an diesem Ort zu sein, dessen Stimmung zu erleben, hat etwas Verbindendes.

Der Aufstieg zum oberhalb des Ortes liegenden Friedhof eröffnet schöne Ausblicke, vor allem von der Bank am Gedenkstein, 250 Meter die Straße hinunter.

38

Bifurkation
Wanderparkplatz
Allendorfer Straße 55
49326 Melle-Gesmold
www.bifurkation.de

EIN SELTENES PHÄNOMEN

Bifurkation bei Gesmold

Libellen surren umher, auf einem nahen Feld ziehen Kiebitze ihre Kreise. Umgeben von Feldern und Wiesen entfaltet sich um die Gesmolder Flussgabelung, auch Bifurkation genannt, eine offene Naturlandschaft. Grünwiesen und Feuchtbiotope locken viele geschützte Tierarten in das Gebiet. Doch vor allem aus geografischer Sicht ist dieser Ort bemerkenswert, ja, sogar europaweit einzigartig. Durch die natürliche Gabelung des Flusslaufes der Hase entsteht ein neuer Fluss, die Else. Ein Drittel ihres Wassers gibt die Hase dabei an die Else ab. Diese sucht sich daraufhin alleine ihren Weg, um hinter Bünde in die Werre zu münden.

Über ein gepflegtes Wegenetz lässt sich das Gelände bequem erkunden. Hinweistafeln und ein Informationspavillon geben Auskunft über die an alten Geschichten so reiche Bifurkation. An ihr entzündeten sich, in einer Zeit, als das Flusswasser noch die Räder der Mühlen antrieb, immer wieder Konflikte um die Verteilung des wertvollen Nasses. Das an der Gabelungsstelle aus den Wassern aufragende Bauwerk ermöglicht, das Naturphänomen aus nächster Nähe zu betrachten. Der Anblick ist nicht spektakulär, aber es ist die Gesamtheit des sich hier entfaltenden Panoramas, das den besonderen Reiz ausmacht.

Im Jahr 2000 wurde das Gelände zu einem Umweltbildungsstandort umgestaltet. Mitmachstationen ermöglichen seitdem einen spielerischen Zugang zum Naturphänomen und den ökologischen Zusammenhängen. So wird etwa das Fließen des Wassers dank aufgestellter Trichter deutlich hörbar. Lohnenswert ist auch ein Besuch der nahen Aussichtsplattform, von der man den Blick über das gesamte Gelände schweifen lassen kann. Grillplatz, Schutzhütte und ein Wassertretbecken bieten zusätzliche Möglichkeiten für einen entspannten Aufenthalt.

Die Bifurkation bildet den Ausgangspunkt des 54,4 Kilometer langen Else-Werre-Radweges. Auf ihm lässt es sich bis nach Bad Oeynhausen fahren.

39

Hof Luckmann
Kummetstraße 5
49143 Bissendorf-Nemden
0173 7569323
www.hof-luckmann.de

Aktiv-Hof Nemden
Moorweg 2
49143 Bissendorf
05402 6079473
www.lebenundlernen-ev.de

UNKONVENTIONELLER GENUSS IM GRÜNEN

Biergarten auf dem Hof Luckmann in Nemden

Zwischen Bissendorf und Gesmold liegt der kleine Ort Nemden mitten im Grünen. Mit seinen zahlreichen Fachwerkhäusern und dem nahen Wasserschloss Ledenburg bildet er eine einladende ländliche Szenerie. Auf den Sträßchen herrscht nur wenig Verkehr – einfach ein ideales Umfeld für Radtouren und Spaziergänge.

Dicht am Ortsrand lädt der von Wiesen und Feldern umgebene Hof Luckmann mit seinem Biergarten zum Ausspannen ein. Mit viel Leidenschaft schufen die Betreiber Claudia und Karsten Luckmann hier eine naturnahe Wohlfühloase mit lauschigen Plätzen. Die Weitläufigkeit des Biergartens lässt Besuchern Raum für geselliges Beisammensein. Ob auf rustikalen Bierbänken, Naturholzstühlen oder in einem der Pavillons: an schönen Plätzen herrscht kein Mangel.

Kinder sind hier ebenfalls gern gesehene Gäste: Der Spielplatz mit Kletterturm und Schaukel sowie die Ponys auf der angrenzenden Weide stehen bei den Kleinen hoch im Kurs.

Mit teilweise ungewöhnlichen Getränkespezialitäten hebt sich der Biergarten vom gewohnten Angebot ab. *Craft Biere* gehören mit ihren vielfältigen Geschmacksnuancen ebenso dazu wie hochwertige Metprodukte. Diese werden dem Besucher, ebenso wie zünftige Brotzeiten, von der offenen Theke aus serviert. An Sommerabenden prasselt das Lagerfeuer und handgemachte Musik hallt über das Gelände. Ob Weltmusik, erdiger Blues oder Singer-Songwriter-Klänge – die gelegentlichen Konzerte haben eine besondere Atmosphäre und sind Höhepunkte der Saison. Bei schlechtem Wetter lädt das ganzjährig geöffnete Hofkontor zu Verkostungen in gemütlicher Runde ein. Gerne sind die Luckmanns bei der Planung von Events oder Veranstaltungen auf dem Hofgelände behilflich. Kutsch- und Planwagenfahrten in die Umgebung Nemdens runden das Angebot ab.

Der vom Verein *Leben und Lernen e. V.* betriebene Aktiv-Hof Nemden ist ein Lernort für alle Generationen. Besucher sind hier herzlich willkommen.

40

Wasserschloss Schelenburg
Burgweg 1
49143 Bissendorf-Schledehausen

Traumhaft schön anzusehen

Wasserschloss Schelenburg

Welch ein Anblick. Würdevoll erhebt sich die Schelenburg aus der von Seerosen bedeckten Wasserfläche. Ihr wuchtiger Wehrturm aus dem 12. Jahrhundert mit seinen vier Ecktürmen und den Schießscharten scheint die Jahrhunderte gänzlich unbeschadet überdauert zu haben. Als Paradebeispiel mittelalterlicher Baukunst zeugt er von dem Schutzbedürfnis seiner Bauherren. Architektonisch geht er auf den Typ des fränkisch-normannischen Wohnturms, dem Donjon, zurück. Ganz andere Akzente setzt der direkt an den Turm anschließende Schlossflügel. In ihm vereinigen sich Elemente der italienischen Renaissance und der Spätgotik. Fast schon spielerisch wirken auf mich die Treppengiebel mit ihren halbrunden Aufsätzen. Die Fassade fasziniert mit ihrer zeitlos wirkenden Ästhetik.

An kaum einem anderen Bauwerk im Osnabrücker Land lässt sich der gesellschaftliche Wandel und die veränderten architektonischen Bedürfnisse der adligen Besitzer besser ablesen als an der Schelenburg. Wehrhaftigkeit wich zunehmend der repräsentativen Funktion. Der wirtschaftliche Wohlstand und ein neues Lebensgefühl sollten dadurch auch nach außen hin sichtbar gemacht werden. Die Schelenburg entwickelte sich zum Renaissance-Wasserschloss. Damit fand sie zu jener romantischen Gestalt, in der sie sich auch heute noch neugierigen Betrachtern wie mir präsentiert.

Wo früher höfische Geschäftigkeit vorherrschte, lässt es sich heute wunderbar unter alten Bäumen spazieren. Kultur und Landschaft treten an diesem stillen Ort in einen Dialog, der Lärm und Hektik vergessen macht und mich immer aufs Neue fasziniert. Das sanfte Plätschern des nahen Flüsschens Wierau kreiert dazu die passende Hintergrundmelodie. Die idyllische Umgebung gleicht den Umstand, dass die Schelenburg nur von außen zu besichtigen ist, problemlos wieder aus.

In Sichtweite liegt die historische Wassermühle. Das dahinter liegende idyllische Waldfreibad ist im Sommer ein beliebtes Ausflugsziel.

41

Grönenbergpark
Friedrich-Ludwig-Jahn-
Straße 1
49324 Melle
www.melle.info

Waldbühne Melle
Bergstraße 19
49324 Melle
05422 42442
www.waldbuehne-melle.de

ALTE BAUWERKE MIT GANZ VIEL LEBEN

Grönenbergpark

Hügel, Felder, Wälder – die Meller Berge bilden eine weitläufige Naturlandschaft unmittelbar vor den Höhen des Wiehengebirges. Erholungssuchende kommen hier auf ihre Kosten, doch auch städtisches Treiben ist nicht weit. Die ehemalige Kreisstadt Melle ist das Zentrum dieses schönen Landstrichs und kann als größte Stadt im Landkreis Osnabrück auf eine fast 850-jährige Geschichte zurückblicken. »Grönegau«, übersetzt »Region im Grünen«, nannte sich das erstmals im Jahr 852 urkundlich erwähnte Gebiet. Grün und einladend ist die Stadt Melle und ihr Umland bis heute geblieben.

Zahlreiche alte Bauernhöfe prägen das Gesicht der Region – Zeugnisse dieses bäuerlichen Lebens sind im Grönegau-Museum zu sehen. Die Bandbreite der ausgestellten Objekte reicht von Alltagsgegenständen wie Kleidung, Geschirr und Möbeln bis hin zu einer Schmiede und einer Tischlerwerkstatt. Das älteste der vier Ausstellungsgebäude, allesamt aus verschiedenen Orten des Grönegaus hierher »umgesiedelt«, stammt aus dem Jahr 1572. Die historischen Museumsgebäude werden eingerahmt durch weitere regionaltypische Fachwerkhäuser. Zusammen bilden sie einen überaus reizvollen Anblick. Dieser lässt sich auch von den Außenplätzen des Restaurants *Heimathof* aus genießen – ebenfalls ein Fachwerkbau.

Das Gebäudeensemble ist Teil des malerischen Grönenbergparks, einem 20 Hektar großen Gelände mit hohem Freizeitwert. Teiche, Vogelvolieren und ein Wildgehege laden zu kurzweiligen Spaziergängen ein. Vor allem Familien nutzen das innerstädtische Erholungsangebot des Parks. Wer das Meller Stadtzentrum von hier aus erkunden möchte, dem sei die etwa ein Kilometer lange Promenade an der Else empfohlen. Gemächlich fließt hier der unmittelbar nördlich des Parks verlaufende Fluss durch das Stadtgebiet.

Die am Stadtrand gelegene, bereits seit 1950 bestehende Waldbühne Melle bietet für alle Altersklassen ein vielseitiges Schauspielvergnügen.

42

Nahe des **Zwickenbachtals** liegt das **Restaurant Weberhaus**
Weberhaus 40
49324 Melle
05422 9811088
www.das-weberhaus-melle.de

NATURGENUSS UND LECKERES ESSEN

Restaurant *Weberhaus* und Zwickenbachtal

Am Fuße der Meller Berge befindet sich ein Gebäudekomplex, der architektonisch kaum besser in die Umgebung passen könnte und dabei an das weit entfernte Kanada erinnert. Laubwald rahmt das Restaurant *Weberhaus* ein, das sich seit seiner Eröffnung 2017 bei Ausflüglern besonderer Beliebtheit erfreut. Errichtet wurde es in Naturstammbauweise, bei der ganze Stämme ohne technisch-industrielle Verarbeitung genutzt werden. Nicht nur das ansprechende Äußere des Restaurants überzeugt, sondern insbesondere die inneren Qualitäten. Aufwändig und detailverliebt präsentiert sich die Ausstattung, bei der rustikaler Charme und edler Schick bestens harmonieren. Die moderne deutsche Küche mit mediterranen Elementen überzeugt ebenfalls auf ganzer Linie. Regionale und saisonale Spezialitäten sowie Grillgerichte bilden dabei Schwerpunkte. Bei schönem Wetter locken Biergarten oder Außenterrasse. Schon lange vor der Eröffnung des *Weberhauses* galt der traditionelle Gastronomiestandort als beliebtes Ausflugsziel, was sicherlich auch an der sehenswerten Umgebung lag.

Nur wenige hundert Meter entfernt erstreckt sich das schmale Zwickenbachtal, durch welches das namensgebende Bächlein fließt. Eine Wanderung auf dem zauberhaften, 3,5 Kilometer langen Naturerlebnispfad *Zwickenbachtal* ist auch für ungeübte Wanderer empfehlenswert. Festes Schuhwerk ist allerdings Voraussetzung, wenn es entlang des Bachlaufs hinein in den Wald geht. Der Rundweg ist schmal und führt über mehrere Holzstege und kleine Brücken, das Plätschern des Zwickenbaches liefert die stetige Hintergrundmelodie. Mehrere Stationen mit Hinweistafeln klären zwischendurch über die geologischen Besonderheiten sowie die Flora und Fauna des Gebietes auf.

Start- und Zielort zum Naturerlebnispfad *Zwickenbachtal* ist der Wanderparkplatz am *Weberhaus*. Nehmen Sie sich ausreichend Zeit für diese schöne Strecke, die vor allem im Herbst ihre Reize entfaltet.

48

Diedrichsburg
Holzhausener Straße 17
49328 Melle
05427 1962
www.diedrichsburg.de

Terra.track »Drei Türme«
Startpunkt: Wanderparkplatz Friedenshöhe
Friedenshöhenweg 53
49328 Melle

HOCH HINAUS UND WEIT GEBLICKT

Diedrichsburg

Es war eine höchst anspruchsvolle und sein ganzes Können herausfordernde Aufgabe, welcher sich der renommierte königlich-hannoversche Baurat Emanuel Quaet-Faslem gegenübersah. 1844 nahm der damals 59-jährige gebürtige Flame die Arbeit an einem Gebäude auf, das nach seiner Fertigstellung im Jahr 1860 unter dem Namen Diedrichsburg große Beliebtheit in und um die Stadt Melle erlangen sollte. Durch seine exponierte Lage auf dem 220 Meter hohen Meller Berg übernahm der 26,10 Meter hohe Turm die Funktion einer Landmarke und entwickelte sich schon damals zu einem beliebten Ausflugsziel.

Das im neogotischen Stil errichtete Bauwerk mit seinen beiden niedrigeren Seitenflügeln war von General Ernst Freiherr von Vincke in Auftrag gegeben worden. Bis heute ist die Familie von Vincke im nahgelegenen Gut Ostenwalde, einem prächtigen Rittersitz, ansässig. Von Vincke ließ sich für seine Pläne von der »Burgenromantik« inspirieren, einer damals verbreiteten architektonischen Modeerscheinung. Noch heute erinnert die Diedrichsburg an einen mittelalterlichen Wehrturm. Neben einem gastronomischen Angebot mit schöner Außenterrasse im Erdgeschoss ist insbesondere die zinnenbewehrte Aussichtsplattform die Hauptattraktion. Auf dem Weg nach oben, quasi als Zwischenstation, bietet eine kleine Ausstellung viel Wissenswertes über den heimischen Wald und seine Tierwelt. Für die letzten Meter bis zur Plattform muss eine Wendeltreppe erklommen werden, bis sich der Rundum-Panoramablick entfaltet. Von hier aus ist der Verlauf des Teutoburger Waldes gut erkennbar, das gleich angrenzende Wiehengebirge ohnehin. Gen Westen schweift der Blick über Osnabrück hinaus ins Tecklenburger Land.

Zum Wanden empfiehlt sich der elf Kilometer lange Terra.track *Drei Türme*. Neben der Diedrichsburg führt dieser Rundwanderweg auch zu den beiden Aussichtstürmen *Ottoshöhe* und *Friedenshöhe*.

44

Westhoyeler Windmühle
Westhoyeler Straße 45
49328 Melle-Riemsloh
www.windmuehle-westhoyel.de

Hücker Moorsee
Moorstraße
32139 Spenge
www.spenge.de

DEM WINDE ZUGEWANDT

Westhoyeler Windmühle bei Riemsloh

Tief gestaffelte Wolkenbänder ziehen vorüber, in der Ferne kreist ein Raubvogel im Spätsommerwind. Frei auf der Höhe erhebt sie sich weithin sichtbar und wirkt doch fast wie ein Teil der Landschaft: die Westhoyeler Windmühle. Wilder Efeu umrankt den Steinbau, die mächtigen Mühlenflügel verleihen dem liebevoll restaurierten Gebäude etwas Erhabenes.

1870 wurde die Mühle aus gemauerten Bruchsteinquadern erbaut und über drei Generationen, jeweils im Einmannbetrieb, von der Müllerfamilie Menke betrieben. Bis 1920 erfolgte der Antrieb noch mit Windkraft, erst danach mit verschiedenen Motoren. Ende der 1970er-Jahre wurde die Arbeit an der Mühle eingestellt. Die Gründung des Mühlenbauvereins im Jahr 1985 hat einiges bewegt: In den folgenden Jahren wurde die Mühle mit viel ehrenamtlichem Einsatz restauriert und so vor dem Verfall bewahrt. 1990 konnte sie schließlich wieder in Betrieb genommen werden. Das enorme Engagement hat sich gelohnt. Heute erstrahlt dieses technische Kulturdenkmal wieder in seiner ganzen Pracht und zieht Besucher aus der gesamten Region an.

Zum Mühlenensemble gehört auch ein restauriertes Müller- und Backhaus – zusammen bieten sie einen harmonischen Anblick. Das Müllerhaus gewährt etwa 40 Gästen Platz und kann von Gruppen und Privatpersonen gemietet werden. An jedem vierten Sonntag zwischen April und September finden *Mahl- und Backtage* mit einem interessanten Rahmenprogramm statt. Da erklingt Musik, Handwerker führen ihre Künste vor und Händler bieten ihre Waren feil. Bei Vorführungen können Besucher den Weg vom Korn zum Mehl und weiter bis zu Brot und Kuchen verfolgen und die frischen Produkte anschließend bei einer Tasse Kaffee genießen. Kindergärten, Schulklassen und Erwachsenengruppen wird auch zu anderen Terminen die Gelegenheit geboten, selbst Hand anzulegen und vor Ort zu backen.

Der nahe Hücker Moorsee liegt bereits im Landkreis Herford. Biergärten und Bootsverleih sorgen für Kurzweil in schöner Natur.

ENTLANG DES WIEHENGEBIRGES

Bei den alle zwei Jahre stattfindenden Römer- und Germanentagen ermöglichen hunderte von Darstellern im Museum und Park Kalkriese Einblicke in die antike Lebenswelt

45

Grüner See
Vom Wanderparkplatz an der Kellenbergstraße sind es nur rund 50 Meter bis zum See
49328 Melle-Buer

BILDSCHÖN UND BAUMUMSTANDEN

Grüner See bei Buer

Waldseen haftet häufig etwas Mystisches und Unergründliches an. Es sind inspirierende und nicht selten sagenumwobene Orte. Mit derlei Geschichten kann der 1.000 Quadratmeter große Grüne See nicht dienen. Doch etwas mystisch zeigt sich das stille Gewässer durchaus. Türkisgrün schimmert seine Wasserfläche. Steile, dicht bewachsene Hänge umgeben einen Teil des Ufers – ein Umstand, der auf seine Entstehungsgeschichte hinweist. Ab 1902 wurde hier, in vier Kilometern Entfernung zur Ortschaft Buer, mit dem Gesteinsabbau begonnen. Da immer wieder Grundwasser in den Steinbruch eindrang, musste der Abbau in den 1930er-Jahren eingestellt werden. Der Grüne See entstand. Seinen Namen erhielt der See durch die Mineralien, die sich in seinem Wasser lösen und die besondere Färbung verursachen.

In den Jahren nach dem Zweiten Weltkrieg entwickelte sich der See zu einem gern besuchten Ausflugsziel. Bereits damals gab es am Hang ein Aussichtsplateau mit kleinem Kiosk. Doch der Hang erwies sich als instabil und erforderte eine verbesserte Sicherung. Im Jahr 2011 ergriffen der *Heimat- und Verschönerungsverein Buer* und die *Interessengemeinschaft Grüner See* die Initiative. Mit viel Engagement und ehrenamtlicher Arbeit wurden die alten, in die Jahre gekommenen Gebäude abgerissen und der Platz sicher befestigt. In der neu errichteten Seehütte wird seither an ausgewählten Tagen in der Woche Kaffee und Kuchen angeboten.

Steigt man vom Plateau aus zum See hinunter, führt ein schmaler Weg an einem Uferstück entlang. Einige Meter weiter ist die Stelle zu finden, wo ein kleiner Bach in den See mündet und ihn so beständig mit Frischwasser speist. Kurz zuvor plätschert er als Wasserfall einige Meter den Fels hinunter. Im gesamten Wiehengebirge findet sich kein größerer.

Der See bietet sich als Ausgangspunkt für Wanderungen zum Aussichtsturm Nonnenstein und dem romantischen Eggetal an, einem alten Obstanbaugebiet.

46

Expo-Sternwarte Melle
Rattinghauser Weg
49324 Melle-Oberholsten
www.sternwarte-melle.de

Geschäftsstelle
Bernd Schröter
Oststraße 17
49324 Melle
05422 6049858

FÜR HIMMELSGUCKER

Expo-Sternwarte bei Oberholsten

Langsam legt sich die Dämmerung über die Landschaft und lässt die Konturen des nahen Waldes verblassen. Der laue Sommerwind trägt den Duft frisch gemähter Wiesen mit sich. Friedlich grasen Pferde neben dem Gebäude, das von außen so unscheinbar wirkt. Dessen eigentlicher Bestimmungszweck enthüllt sich erst, wenn ein Mechanismus das Dach auseinanderschiebt und den Blick auf ein Teleskop freigibt, das in den Himmel gerichtet ist.

Seit ihrer Eröffnung im Juni 2000 bietet die Expo-Sternwarte Hobby-Astronomen ideale Bedingungen für den privaten Forscherdrang. Abgeschieden liegt sie auf einer Höhe von 185 Metern, fernab von störenden Lichtquellen, und ermöglicht optimale Beobachtungen der Himmelskörper. Das Newton-Teleskop mit einem Hauptspiegel von 1,12 Metern Durchmesser und einer Brennweite von 4,4 Metern ist das größte Amateur-Teleskop Europas. Ob ferne Galaxien, Gasnebel, Kugelsternhaufen oder der vergleichsweise so nahe Mond, von hier aus lassen sich die unterschiedlichsten Ziele am nächtlichen Himmelszelt anvisieren.

»Wir freuen uns über jeden, der sich für die Geheimnisse des Weltalls interessiert«, betont Bernd Schröter, der die Geschäftsstelle der Sternwarte leitet. Er und seine Kollegen erklären in ihren Führungen den Besuchern Wissenswertes über den Weltraum, die Raumfahrt und die Mechanik der Sternwarte. Höhepunkt eines jeden Besuchs sind die Blicke durch das Okular des Teleskops. An diesem Abend ermöglicht ein wolkenfreier Himmel ungestörte Sicht ins All. Nachdem Bernd Schröter das Teleskop auf die Mondoberfläche ausgerichtet hat, nutze ich die Gelegenheit. Was ich zu sehen bekomme, ist atemberaubend. Zum Greifen nah präsentiert sich eine detailreich strukturierte Kraterlandschaft – ein Anblick, dem ein unerwarteter Zauber innewohnt, der lange nachwirkt.

Die anmeldepflichtigen Besuchstermine der Sternwarte werden auf der Homepage bekannt gegeben. Individuelle Terminabsprachen sind ebenfalls möglich.

47

Solearena
Platanenallee
49152 Bad Essen
www.badessen.info

EINE ARENA ZUM ATEMHOLEN

Solearena

Wie eine riesige Bienenwabe wirkt das bemerkenswerte Bauwerk. Dampfwolken steigen aus seiner Mitte empor. Von den abgerundeten, sechs Meter hohen Schwarzdornwänden tröpfelt es beständig. Die Bad Essener Solearena ist eine echte architektonische Errungenschaft. Im Vorfeld der Landesgartenschau 2010 inmitten des Bad Essener Soleparks errichtet, lädt sie Erholungssuchende zu einer Atempause ein. Das ist durchaus wörtlich zu nehmen, denn die Brunnenschale im Innern vernebelt die Sole zu wohltuenden Dampfschleiern. Gelassen nehme ich auf einer Sitzbank Platz. Die Durchgänge und Sichtöffnungen geben den Blick auf den blühenden Solepark frei. Wie bei jedem Besuch staune ich über die Architektur der Arena, die sich hier so stimmig und gleichzeitig innovativ in die Umgebung einfügt. Beim anschließenden Gang entlang blumengesäumter Wege lasse ich die Gedanken schweifen. Im Frühjahr spielen die Veilchen hier Frühlingsverkünder, jetzt im Sommer liegt feiner Lavendelduft und ein Hauch von Minze in der Luft. Die jahreszeitabhängige Bepflanzung schafft kontrastreiche Farbtupfer und Sinneseindrücke. Direkt an den Solepark grenzt dichter Wald und lädt zum Wandern, Walken und Joggen ein.

Bereits im 19. Jahrhundert kamen die ersten Kurgäste in den direkt am Nordhang des Wiehengebirges gelegenen Ort. 1902 erhielt er den Status eines Kurbads und darf seither den Titel »Bad« in seinem Namen führen. Anziehend ist vor allem das Ambiente. Als Teil der Deutschen Fachwerkstraße prägen zahlreiche restaurierte Fachwerkgebäude das Zentrum und zaubern eine Wohlfühlatmosphäre. Vor allem der historische Kirchplatz ist auch über die Grenzen der Region hinaus bekannt und bietet mit seinen Cafés und Restaurants reizvolle Einkehrmöglichkeiten. An warmen Sonnentagen locken diese zu genussvollen Pausen im Freien.

Passendes Wetter vorausgesetzt, lässt sich ein Soleparkbesuch auch schwimmend beenden. Das Bad Essener Sole-Freibad liegt gleich nebenan.

48

Schloss Ippenburg
Schlossstraße 1
49152 Bad Essen
05472 1893
www.ippenburg.de

Tourist-Information Bad Essen
Lindenstraße 25
49152 Bad Essen
05472 94920
www.badessen.info

BLÜHENDE LANDSCHAFTEN

Schloss Ippenburg

»Märchenhaft« lautet das Wort, mit dem sich die Eindrücke auf dem Gartengelände des Schlosses Ippenburg treffend beschreiben lassen. Wenige Kilometer nördlich von Bad Essen schuf Viktoria Freifrau von dem Bussche ein grünes Paradies mit viel Liebe zum Detail. Am Anfang stand die Freude am eigenen Garten – hieraus wuchs der Wunsch, diesen auch für die Öffentlichkeit zugänglich zu machen. 1998 organisierte sie mit viel Engagement das erste Gartenfestival in Deutschland. Bereits die Premiere war ein großer Erfolg und traf den Nerv der Zeit: In den Jahren danach fand die Idee bundesweit Dutzende Nachahmer.

Über 25 Jahre lang öffneten sich die Gartenpforten ausschließlich an Festivalterminen für Besucher. 2020 beendete Viktoria Freifrau von dem Bussche die Festivaltradition und setzt seither auf ein neues, entschleunigteres Konzept. So ist das Areal nun an jedem Sonntag in der Ippenburger Gartensaison geöffnet, einschließlich der Ausstellungs- und Schaugärten und dem mit rund 5.000 Quadratmetern größten Küchengarten Deutschlands. Hier gedeihen Kräuter, seltenes Gemüse, Obstbäume und Beerensträucher. Ein Waldgarten sowie ein neu angelegter Barfuß-Naturparcours laden zum sinnlichen Erleben und Erfahren von Natureindrücken ein. Rosenfreunde werden hingegen von der großen Vielfalt und Fülle des Rosariums begeistert sein.

Historischen Charme und hausgemachte Köstlichkeiten finden Besucher im schlosseigenen Café, das mit seiner Außengastronomie zahlreiche lauschige Plätze bietet. Das im neogotischen Stil errichtete Schloss bildet zu all dem eine überaus ästhetische und romantische Hintergrundkulisse.

Der acht Kilometer lange Schlösserrundweg verbindet Schloss Ippenburg und Schloss Hünnefeld. Passende Hinweise dazu gibt die Bad Essener Tourist-Information.

49

Schloss Hünnefeld
Schloss Hünnefeld
49152 Bad Essen
05472 4428
05472 4962 (Café)
www.schloss-huennefeld.de

TEESTUNDE AM SEHNSUCHTSORT

Schloss Hünnefeld

Seit Jahren ist das Schloss Hünnefeld für mich ein beliebtes Ausflugsziel. Wer Ruhe und Idylle sucht, wird an diesem Ort ganz sicher fündig. Bereits die Anfahrt durch die lang gezogene Clamors Allee stimmt auf den romantischen Anblick ein. Von alten Gräften eingerahmt, präsentiert sich das liebevoll sanierte Schloss mit seinen umliegenden Gebäuden als historisches Schmuckstück. Dessen Charme können sich Besucher auf vielerlei Art erschließen.

Erstmals urkundlich erwähnt wurde das herrschaftliche Anwesen im Jahr 1146. Dass sich das Schloss seit 1447 im Besitz der Familie von dem Bussche-Hünnefeld befindet, zeugt von großer Kontinuität. Die Erweiterung zu einer dreiflügeligen Anlage mit Wirtschaftsgebäuden erfolgte im 17. Jahrhundert. Prachtvoll ist der englische Landschaftspark, der sich hinter dem Herrschaftssitz erstreckt und dessen Reize sich bei Führungen erschließen lassen. Auf seinen weitläufigen Flächen beherbergt er zahlreiche exotische Gewächse. Im Nordflügel, dem ältesten Teil des Schlosses, befindet sich in renovierten Räumen ein für größere Besuchergruppen zugängliches Museum. Die dort ausgestellten Exponate ermöglichen Einblicke in die Familiengeschichte derer von dem Bussche-Hünnefeld.

Äußerst lohnenswert ist auch ein Abstecher ins Café *Alte Rentei.* Ungestört kann man hier bei dänischen Teespezialitäten, Kaffee und selbst gebackenem Kuchen die Seele baumeln lassen. Der Blick auf das Schloss und den markanten Taubenturm schafft eine unverwechselbare Atmosphäre. Eine Besonderheit ist der Kaminsaal mit seinem historischen Kamin von 1570. Er kann auch für private Feste genutzt werden. Bei warmen Temperaturen lockt der Cafégarten mit zahlreichen lauschigen Plätzchen – ein inspirierender Ort, an dem man es sich einfach gut gehen lassen kann.

Wer sich nicht so schnell wieder von diesem Ort lösen mag, kann in einem der drei Doppelzimmer des Cafés nächtigen. Sie liegen in der oberen Etage.

50

Venner Moor
Startpunkt Wanderung:
Gasthaus Beinker
Vördener Straße 1
Von dort dem geteerten Pfahlreihenweg zur ersten Wegkreuzung folgen und rechts ins Moorgebiet abbiegen
49179 Ostercappeln-Venne
www.ostercappeln.de

STILLE WILDNIS IM WANDEL

Venner Moor

Welch ein Kontrast. Direkt unterhalb der bewaldeten Hänge und Höhen des Engter Berges geht die Mittelgebirgslandschaft in die norddeutsche Tiefebene über. Eine bemerkenswerte Moorlandschaft breitet sich aus. Zwar büßte sie nach Jahrzehnten intensiven Torfabbaus ihre einstmals bis zum Horizont reichende Ausdehnung ein, ermöglicht aber auch noch heute faszinierende Einblicke in den Lebensraum Moor. Beigetragen haben dazu Renaturierungsmaßnahmen, bei denen vom Abbau betroffene Flächen wiedervernässt wurden und sich Teile des Moores nun, langsam aber stetig, regenerieren. Das Venner Moor ist Teil eines ursprünglich viel größeren Hochmoorgebietes. Die Naturerfahrungen an diesem Ort sind intensiv und anregend.

Wer Stille und Abgeschiedenheit sucht, kann auf einsamen Pfaden wandern, die Flugkünste surrender Libellen beobachten und die Ruhe dieser Landschaft in sich aufnehmen. Verlässt man die bequem begehbaren Wege des Venner Moorlehrpfades, garantieren nur Gummistiefel für trockene Füße. Der Ausflug lohnt sich aber in jedem Fall und hat auf einigen Abschnitten durchaus den Charakter einer kleinen Expedition. Lang sind die Pfade, weit spannt sich der Himmel. Ringelnatter und Kreuzotter schlängeln sich, zumeist für den Besucher unsichtbar, durch das feuchte Gelände. Der Blick fällt auf tiefschwarze Polder, auf denen sich Wasservögel tummeln und an deren Rändern Woll- und Pfeifengras im Wind schwingen. Ein Gang durchs Moor entschleunigt, lässt mich innehalten und spüren, dass hier andere, ganz eigene Zeitmaßstäbe gelten. Platz ist hier, weiter Raum und Stille. Das Moor hat seine eigenen Gesetze und stellt für mich als Besucher einen ungewöhnlichen, faszinierenden Ort dar, an welchem der Alltag mit einem Mal weit weg erscheint. Gut so.

Über Führungen durchs Moor informiert die Tourist-Information Ostercappeln im Rathaus Ostercappeln oder unter 05473 920223.

51

Eisenzeithaus Ostercappeln-Venne
Knostweg 4
49179 Ostercappeln-Venne
www.eisenzeithaus.de

Tourist-Information Ostercappeln
Venner Straße 22
49179 Ostercappeln
05473 920223
www.ostercappeln.de

Zeitreise in die Frühgeschichte

Eisenzeithaus bei Venne

Wie selbstverständlich liegt das Gehöft in der Landschaft. Mit seinem tief nach unten gezogenen Reetdach wirkt das Haupthaus ebenso natürlich und unverfälscht wie die kleinen Nebengebäude. Fast entsteht der Eindruck, die Bewohner seien nur für eine kurze Stippvisite zu Nachbarn unterwegs.

Im Jahr 2008 unweit des Ortsrandes von Venne errichtet, weist das Gehöft zwar noch kein hohes Alter auf – wohl aber die baulichen Vorbilder, denen es nachempfunden ist. Diese liegen 2.300 Jahre zurück, in der vorrömischen Eisenzeit. Damals gab es hier am Nordhang des Wiehengebirges noch keine dorfähnlichen Strukturen. Stattdessen bestimmten vereinzelte Streusiedlungen das Bild, deren Standorte häufig wechselten.

Das imposante Haupthaus bildet mit seinen Wiesenflächen, Nebengebäuden und dem Nutzgarten ein für die damalige Kulturlandschaft typisches Gehöft. Es fällt an diesem Ort nicht schwer, sich das Leben in jener fernen Zeit vorzustellen, als allein der Rhythmus der Jahreszeiten die Arbeit und den Tagesablauf vorgab. Mit ihren lehmverputzten Flechtwerkwänden und einer Feuerstelle boten diese Gebäude im Sommer angenehme Kühle und im Winter wohlige Behaglichkeit. Selbst angebaute Kräuter, Wildgemüse und Beeren bereicherten den Speiseplan und auch Blumen und Staudenpflanzen standen in den Beeten. Im originalgetreuen Garten sind diese Gewächse auch heute zu finden. Viele davon dienten damals als »Hausapotheke« medizinischen Zwecken.

Besucher sind auf dem 3.000 Quadratmeter großen Gelände jederzeit willkommen. Die Mitarbeiter des Eisenzeithauses Venne bieten neben dem Eisenzeitfest zahlreiche Veranstaltungen, Kurse und Führungen an. So lässt sich beim Kochen auf dem offenen Feuer, Backen im eisenzeitlichen Lehmofen oder der Teilnahme an Heilkräuterseminaren viel über Vergangenes lernen … und schmecken.

Jedes Jahr im Mai begeistert das bundesweit bekannte *Venner Folk Frühling Festival* mit seiner familiären Atmosphäre Musikfreunde aus nah und fern.

52

Evinghausen
Icker Landstraße
49565 Bramsche-
Evinghausen

Café im Speicher
Engter Bach 12
49565 Bramsche-Engter
05468 939777
www.cafe-im-speicher.de

HIER OBEN IST NOCH RUH'

Evinghausen

Fern von jeder städtischen Betriebsamkeit und Hektik liegt die Bauernschaft Evinghausen in einem weiten Tal auf dem Venner Berg. Über Jahrhunderte hinweg hat sich die knapp 300 Einwohner zählende Ansiedlung ihren ländlichen Charakter bewahrt. Oft von Bruchsteinmauern umgeben, liegen alte Höfe in der offenen Kulturlandschaft. Wälder, Wiesen und Felder – das Panorama zieht vor allem an den Wochenenden Spaziergänger und Wanderer an. Zahlreiche Wanderwege führen zum kleinen Bramscher Ortsteil und in die großen Waldgebiete ringsum.

Bekannt ist Evinghausen auch wegen der dort seit Ende der 1960er-Jahre bestehenden Waldorfschule. Als zu dieser Zeit in ganz Niedersachsen viele Dorfschulen geschlossen wurden, entschieden die Evinghausener Bürger, ihre Schule unter neuen Vorzeichen weiterzuführen. Die *Freie Waldorfschule Evinghausen* entstand, deren Einzugsbereich weit über die Ortsgrenzen hinaus reicht. Ende der 1970er-Jahre folgte ein Waldorfkindergarten und in den 1980er-Jahren die heilpädagogisch ausgerichtete Johannesschule. Diese Entwicklung führte dazu, dass heute über 700 Kinder diese Einrichtungen besuchen und viele Evinghausener im Bildungsbereich tätig sind. Durch die Unterstützung der *Deutschen Bundesstiftung Umwelt* konnte die Schule das Bildungsprojekt *Erfahrbare Nachhaltigkeit* realisieren. Mit Erfolg: Von der deutschen UNESCO-Kommission wurde es als offizielles Projekt der UN-Dekade 2012/2013, *Bildung für nachhaltige Entwicklung,* ausgezeichnet.

Bedrohlich wirken für viele Bürger der Gegend die Planungen für eine Autobahnverbindung, der sogenannten A 33 Nord. Die Trasse würde knapp drei Kilometer südlich von Evinghausen durch jetzt noch ruhige Waldgebiete verlaufen. Zweifel an diesem Projekt sind mehr als angebracht.

Im nahen Ort Engter liegt das schöne Café im Speicher. In der Galerie finden auch regelmäßig Ausstellungen statt.

58

Varusschlacht im Osnabrücker Land – Museum und Park Kalkriese
Venner Straße 69
49565 Bramsche-Kalkriese
05468 92040
www.kalkriese-varusschlacht.de

WELTGESCHICHTE AM WALDRAND

Museum und Park Kalkriese

Der Ort war bewusst gewählt. Gen Norden erstreckte sich ein riesiges Moorgebiet, im Süden bildete der dicht bewaldete Hang des Kalkrieser Berges ein kaum zu überwindendes Hindernis. Es blieb nur eine schmale Stelle, die der römische Heereszug auf seinem Weg passieren musste. Von vorangegangenen Kämpfen bereits stark geschwächt, wurden die Römer hier von den Germanen unter ihrem Heerführer Arminius zum finalen Schlagabtausch gezwungen – und unterlagen. Die 17., 18. und 19. Legion fand so ein blutiges Ende und wurde nie wieder aufgestellt. Als Varusschlacht gingen die Ereignisse in die Geschichte ein.

Seit 1989 kommt ans Licht, was sich hier, unterhalb des Kalkrieser Bergs, im Jahr 9 nach Christus abgespielt hat. Mehr als 6.000 römische Fundstücke konnten bisher geborgen werden, darunter zahlreiche Münzen, Waffen und Gebrauchsgegenstände. Aufsehen erregte der Fund einer eisernen Helmmaske eines römischen Reiters – die älteste ihrer Art weltweit. Diese Belege weisen auf heftige Kampfhandlungen hin und machen das Gelände zu einer der bedeutendsten archäologischen Fundstätten Europas. Im vielfach prämierten Museum und Park Kalkriese wird die Geschichte dieses Ortes anschaulich dargestellt. Forschung und Wissensvermittlung gehen hier Hand in Hand, denn die Untersuchungen des antiken Schlachtfelds dauern an.

Der 24 Hektar große archäologische Park lädt zu ausgiebigen Erkundungen ein, und das nicht nur am Boden. Vom 40 Meter hohen Museumsturm kann man noch heute die besondere Landschaftssituation zwischen Berg und Moor überschauen, die den Römern zum Verhängnis wurde. Mit Sonderausstellungen und aufwendig in Szene gesetzten Veranstaltungen, wie den Römer- und Germanentagen oder dem Oster-Leuchten, eröffnet das Museum immer wieder neue Zugänge zu den dramatischen Ereignissen. Ein faszinierender Ort, an dem Geschichte erfahrbar wird.

Ob Fackel- und Architekturführungen oder die Besichtigung aktueller Grabungen – das entsprechende Angebot des Museums ist vielfältig und spannend.

Römer und Germanen im Osnabrücker Land

David gegen Goliath

Sie ist zum Gesicht des Osnabrücker Landes geworden, jene eiserne Maske eines römischen Reiters, die bei den Ausgrabungen auf dem ehemaligen Schlachtfeld in Kalkriese entdeckt wurde und weltweit Beachtung findet. Nahezu überall in der Region erinnern bunt bemalte Stelen mit dem Maskensymbol und Friedensbotschaften versehen an die folgenreiche Auseinandersetzung zwischen Römern und Germanen. *Feldzeichen zu Friedenszeichen* nannte der Osnabrücker Künstler Volker-Johannes Trieb die von ihm maßgeblich mitgestaltete Aktion, die zahlreiche Bürger dazu bewog, die Stelen als Friedenssymbole aufzustellen.

Nach wie vor ist das Interesse groß, über die Vorgänge jenes gewaltigen Konflikts ein umfassendes Bild zu erhalten. Durch die intensiven Forschungen in Kalkriese konnten die damaligen Geschehnisse und deren Hintergründe nach und nach rekonstruiert werden.

Es waren jene Assoziationen von düsteren Wäldern und den in ihnen hausenden, wilden Germanen, die lange Zeit die Vorstellungen bestimmten. Doch diese stoßen bereits bei der Namensbezeichnung an ihre Grenzen, denn »die Germanen« hat es nie wirklich gegeben – lediglich Stämme, die etwa gemeinsame Traditionen oder Riten pflegten. Das klischeebeladene Germanenbild der Römer diente vor allem der eigenen Selbstaufwertung und internen Propaganda. Der im 19. Jahrhundert einsetzende, verhängnisvolle Germanenkult saß ironischerweise diesen römischen Überlieferungen auf und huldigte einem Mythos, dem jede reale Grundlage fehlte. Dabei waren jene Stämme in erster Linie einfache Bauern. Im heutigen Osnabrücker Land siedelten zur Zeit der Varusschlacht die Stämme der Chasuarier und der Brukterer.

Zwar existierten in den germanischen Stammesgebieten keine Städte, dennoch war das Land deutlich besser erschlossen, als es die römischen Überlieferungen darstellen. Seit Generationen waren zahlreiche Flächen in bewirtschaftetes Ackerland umgewandelt worden. Auch die Gegend des Kalkrieser Berges war lange Zeit vor dem Schlachtgeschehen besiedelt, wie entsprechende Funde in Kalkriese im Rahmen des Forschungsprojekts *Conflict Landscape* belegen. Ein uralter Ost-West-Handelsweg, der *Hellweg vor dem Sandforde*, führte am Nordrand des Wiehengebirges entlang, direkt am Kalkrieser Berg vorbei. Es wird vermutet, dass das von der Weser kommende Römerheer genau diese Route einschlug.

Das Gebiet östlich und nördlich des Rheins bis zur Elbe, und damit auch das heutige Osnabrücker Land, stand zur Zeit der Varusschlacht kurz davor, zur offiziellen römischen Provinz erklärt zu werden. Römische Flottenverbände stießen in den Sommerfeldzügen über die Ems und Weser tief ins germanische Hinterland vor. Mehrere Militärlager sicherten den Herrschaftsanspruch ab und die Bevölkerung musste zahlreiche Abgaben leisten. Vor diesem Hintergrund wird deutlich, wie groß die empfundene Empörung über die Formen der römischen Herrschaft gewesen sein muss, um unterschiedliche Stämme zu dem geheimen und in seinen Erfolgsaussichten fraglichen Aufstand zusammenzuführen. Hohe Abgaben und Steuern unter dem römischen Statthalter Varus und Eingriffe in die Rechtsordnung der Stämme waren wohl die Auslöser. Der militärische Erfolg der bäuerlichen Kämpfer bei der Varusschlacht ist aber auch der Naturbeschaffenheit des heutigen Osnabrücker Landes zu verdanken. Die Aufständischen besaßen genaue Geländekenntnisse und nutzten diese gezielt, um den römischen Heereszug aus dem Hinterhalt zu attackieren. Auf einen derartigen Kampf in Wald und Moor waren die römischen Legionen nicht vorbereitet und unterlagen. Heute mahnen die Ereignisse an die Notwendigkeit eines friedlichen, respektvollen Zusammenlebens, eine Botschaft von anhaltender Aktualität und Dringlichkeit.

54

Wasserburg Alt Barenaue
Campemoorweg 1
49565 Bramsche-Kalkriese
www.bramsche.de

Schloss Neu Barenaue
Barenaue 6
49565 Bramsche-Kalkriese

VERWUNSCHEN UND GANZ SCHÖN SCHRÄG

Wasserburg Alt Barenaue bei Kalkriese

Schräg stehen die Linden auf beiden Seiten der ruhigen Straße Spalier. Der Erzählung nach ist dieser ungewöhnliche Umstand auf trinkfeste Rittersleute zurückzuführen, die sich nach ihren Gelagen an den Bäumen abgestützt haben, um nicht in den Graben zu fallen. Dabei hätten sie die Stämme nach außen gedrückt. Die pragmatische Erklärung ist dann doch deutlich unspektakulärer. Weil die Baumwurzeln abseits vom festen Damm keinen Halt im Moorboden finden, neigen sich die Linden nach außen.

Folgt man dem Verlauf der Allee, erhebt sich ein markanter Fachwerkturm in der flachen Landschaft. Der Torturm und das zugehörige Gebäude sind Überbleibsel der alten, ursprünglich vierflügeligen Wasserburg Barenaue. Vermutlich wurde sie bereits im 13. Jahrhundert als Rittersitz auf einer Sandinsel mitten im Moor angelegt. Nicht der jetzige, künstlich angelegte Dammweg führte zu ihr, sondern nur ein schmaler befestigter Weg. Der konnte allerdings jederzeit durch das Stauwasser des Moores überschwemmt werden – eine effektive Verteidigungsstrategie also. Wie die Burg selber ausgesehen haben mochte, verrät ein alter Silberbecher, dessen Deckel mit einer Darstellung der Burg versehen ist. Danach war die Burg kreisrund und aus ihrer Mitte erhob sich der Bergfried.

So still und friedlich ist es hier, so verwunschen und naturbelassen wirkt dieser Ort, dass ich mich nur schwer von ihm lösen mag. Der Lindenallee folgend schlendere ich zurück, vorbei an einem alten Steinwerk aus dem Jahre 1413, vor dem der Stamm einer Gerichtslinde seit mehr als 350 Jahren der Zeit trotzt. Weiter geht es entlang einer kleinen Ansiedlung alter Heuerhäuser, die hauptsächlich aus dem 18. Jahrhundert stammen. Hier lebten Handwerker und Heuerleute und zum Teil auch heute noch deren Nachfahren.

Der als Rundwanderweg angelegte Themenweg Barenaue führt auch zum sehenswerten Schloss Neu Barenaue. Infotafeln am Wegesrand bieten viel Wissenswertes.

55

Alte St. Alexanderkirche
Im Alten Dorf 5–7
49134 Wallenhorst
www.altekirche-wallenhorst.de

AM RANDE DER ZEIT

Alte St. Alexanderkirche

Die Sonne strahlt vom tiefblauen Sommerhimmel, als ich den Rasen betrete, der eine der ältesten Kirchen des Bistums Osnabrück wie einen grünen Teppich umgibt. Soeben verstellten noch alte Eichen den Blick. Nur der Kirchturm ragte heraus und der Bruchstein schimmerte hier und da durch die Blätter. Nun sind auch die alten Grabsteine und das Natursteinmauerwerk zu erkennen. Die roten Dachziegel des Kirchenschiffs verleihen dem Baudenkmal eine warme Aura. Auffällig sind die in ihrer Form unterschiedlichen, teilweise versetzt angeordneten Fenster. Sie offenbaren, dass die Alte St. Alexanderkirche verschiedene Bauphasen erlebt hat.

Einer Sage zufolge geht ihre Gründung auf Karl den Großen zurück, der nach einem Sieg über den Sachsenherzog Widukind an diesem Ort eine »heidnische« Kultstätte zerstören und an ihrer Stelle eine kleine Kirche errichten ließ. Und tatsächlich: Bei Ausgrabungen konnte eine steinerne Saalkirche nachgewiesen werden, die aus der Zeit um 800 nach Christus stammt. Ständige Umbauten verliehen ihr über die Jahrhunderte das heutige Erscheinungsbild. Bis zum Jahr 1881 diente sie als Pfarrkirche der Ortsteile Hollage, Pye, Lechtingen und Wallenhorst. Nach dem Bau der neuen St. Alexanderkirche im Westen der Gemeinde verlagerte sich dorthin das Wallenhorster Ortszentrum und die alte Kirche verfiel trotz einiger Reparaturen zusehends. Erst die umfassenderen Renovierungsarbeiten zwischen 1968 und 1976 sicherten das Gebäude für die Nachwelt.

Unmittelbar nördlich der Kirche wurde 2003 ein sumpfiges Wegestück des Schleptruper Kirchwegs, einer historischen Wegeverbindung, durch einen langen Steg befestigt. Trockenen Fußes kann man nun auf hellen Holzplanken entlang eines Wäldchens und umgeben von Wiesen und Weiden die Umgebung genießen.

Der Verein *Freunde und Förderer der Alten Kirche zu Wallenhorst e. V.* bietet nach Absprache Führungen an.

56

CSA Hof Pente
Osnabrücker Straße 73
49565 Bramsche
05407 8984516
www.hofpente.de

LANDWIRTSCHAFT FÜR JEDERMANN

Gemeinschaftshof Pente

Am Südrand der Penter Enge, einem Ausläufer des Wiehengebirges, liegt der *CSA Hof Pente* mitten im Grünen. Eine Schafherde grast gemächlich auf der Weide. Ein klein wenig weiter picken Hühner munter gackernd zwischen den Grashalmen. Ihr Zuhause parkt gleich nebenan. Das »Hühnermobil« ermöglicht einen problemlosen Standortwechsel, ganz nach Bedarf der gefiederten Bewohner. Julia Hartkemeyer schaut hier gerade nach dem Rechten. Die studierte Agrarwissenschaftlerin gab gemeinsam mit ihrem Mann Tobias Hartkemeyer den Impuls für das Hofprojekt, welches das Kürzel »CSA« im Namen trägt. CSA? Die drei Buchstaben stehen für »Community Supported Agriculture«, im Deutschen spricht man von einer »gemeinschaftsgetragenen Landbaukultur«. Das Konzept ermöglicht seinen Mitgliedern, gegen einen festen Monatsbeitrag auf dem Hof produzierte Lebensmittel zu beziehen. Allerdings werden nur so viele Mitglieder aufgenommen, wie der Hof auch versorgen kann. Die Beteiligten sind jedoch nicht nur bloße Konsumenten, sondern können Anregungen und Wünsche einbringen. Das Angebot ist vielfältig und entspricht den Jahreszeiten. So werden 80 Gemüsesorten, Salate und Kräuter angebaut. Obst, Eier, Honig, Brot und Fleisch runden das Sortiment ab. Das Motto »Gemeinsam ackern, gemeinsam genießen« beschreibt die Intentionen der Aktiven treffend.

Einen hohen Stellenwert bei der Hofgemeinschaft hat auch die Pflege der regionalen Kulturlandschaft. Leckere, gesunde Lebensmittel und eine intakte Umwelt – beides ist aus ihrer Sicht untrennbar miteinander verbunden. Mit ihrer »Freien Hofschule« und dem Kindergarten engagiert sich das Projekt auch im Bildungsbereich. Für ihren Einsatz wurde die 2011 gegründete Hofgemeinschaft von der UNESCO ausgezeichnet. Mit Hofführungen und Informationsveranstaltungen öffnet sich der Hof Interessierten. CSA – ein Konzept mit Zukunft.

Die reizvolle Rundstrecke des *Mühlenwegs am Wiehengebirge* führt direkt über das Gelände des CSA-Hofs.
www.muehlenweg-am-wiehengebirge.de

57

Tuchmachermuseum Bramsche
Mühlenort 6
49565 Bramsche
05461 94510
www.tuchmachermuseum.de

Riverside Bramsche
Mühlenort 7
49565 Bramsche
05461 9953950
www.riverside-bramsche.de

EIN ROTES TUCH GEHT UM DIE WELT

Tuchmachermuseum

Sie stellte einen der bedeutendsten Wirtschaftsfaktoren der Region dar: die Tuchmacherei. In der frühen Neuzeit noch vorrangig in Handarbeit betrieben, entwickelte sich dieses Gewerbe im Zuge der Industrialisierung zu einer technischen Produktion. Doch das Handwerk lebt in der Bezeichnung »Tuchmacherstadt Bramsche« fort. Von alters her am Schnittpunkt wichtiger Handels- und Verkehrswege gelegen, bot die Stadt dem textilen Treiben ideale Bedingungen. Die mit dem berühmten »Bramscher Rot« gefärbten Stoffe kleideten bald die Soldaten Hannovers und Preußens.

Die Entwicklung dieses Handwerks von seinen Anfängen in der frühen Neuzeit bis zur Industrialisierung wird seit 1997 im Bramscher Tuchmachermuseum lebendig vermittelt. Hier lag die Keimzelle der Tuchmacherei in der Gemeinde Bramsche: Mitte des 16. Jahrhunderts siedelten an diesem Ort die ersten Webspezialisten um eine Mühle des Fürstbistums Osnabrück. Während der Industrialisierung entwickelte sich aus der mittelalterlichen Mühlenanlage eine kleine Fabrik, in der bis in die 1970er-Jahre Stoffe hergestellt wurden.

Auf insgesamt 2.000 Quadratmetern werden in den historischen Museumsgebäuden die Arbeitsschritte von der Schafschur bis zum fertigen Tuch vorgestellt – unter anderem mit einer der ältesten funktionstüchtigen Spinnmaschinen Europas. Vor den Augen der Besucher wird hier die Wollverarbeitung an laufenden Maschinen demonstriert. Abgesehen davon bietet das Museum mit regelmäßigen Sonderausstellungen und Veranstaltungen zudem ein ansprechendes Kulturprogramm. Auch das Museumsfeld ist einen Besuch wert: Wer sich hier auf einen Spaziergang begibt, entdeckt liebevoll restaurierte Fachwerkhäuschen und kann entlang der Deichwege an der nahen und für die damalige Textilproduktion so wichtigen Hase schlendern.

Neben dem Museum befindet sich das Restaurant *Riverside Bramsche* mit idyllisch gelegener Außenterrasse an einem Altarm der Hase.

DURCH DAS ARTLAND

Das über 700 Jahre alte Stift Börstel ist ein malerischer und zugleich abgeschieden gelegener Ort

58

Kloster Malgarten
Am Kloster 6
49565 Bramsche-
Malgarten
01577 7902922
www.forum-kloster-
malgarten.de

WO KÜNSTLERTRÄUME WAHR WERDEN

Kloster Malgarten

Die Schönheit eines Ortes ist zumeist eng mit jenen Menschen verbunden, die ihn gestalten und beleben. Ein überaus anschauliches Beispiel dafür liefert ein Besuch des Klosters Malgarten. Das fünf Kilometer nordwestlich von Bramsche gelegene Kloster ist ein bezauberndes Kleinod. Eine tiefe Ruhe strahlt das Gelände direkt am Ufer der Hohen Hase aus. Hier drängt sich nichts auf, außer vielleicht der Impuls zur ungezwungenen Beschäftigung mit Kunst, Architektur und Natur. Mit einem vielfältigen Angebot lädt die hier ansässige Künstlerkolonie zur aktiven Erkundung dieses idyllischen Ortes ein.

1175 vom Grafen von Tecklenburg gegründet und 1803 säkularisiert, diente das ehemalige Benediktinerinnenkloster bis 1937 als Sitz des Amtsrichters. Nach dem Krieg bot das Gebäude Vertriebenen vorübergehend ein Zuhause. 1987 legte ein Privatmann mit dem Kauf des Klosters den Grundstein für die künstlerischen Aktivitäten. Mittlerweile erstrahlt das jahrzehntelang baulich vernachlässigte Kloster durch liebevolle Restaurierungsarbeiten in neuem Glanz. Der spätromanische Kreuzgang beeindruckt ebenso wie die Stuckdecken und spätmittelalterlichen Fresken. Über allem thront der markante Turm, mit seinem tief nach unten gezogenen Dach.

Die an diesem Ort arbeitenden und lebenden Künstler bilden gemeinsam das Forum Malgarten, bei dem der künstlerische Austausch im Vordergrund steht. Mit Ausstellungen und Workshops werden Interessierte eingebunden. Ob Malerei, Filzkunst, keramische Arbeiten oder Tätigkeiten mit Holz und Stein, das Angebot ist breit gefächert. Teilnehmer können in einem der liebevoll eingerichteten Zimmer des Seminar- und Gästehauses Kloster Malgarten nächtigen, das im Kloster und in einem Nebengebäude untergebracht ist. Auch Radfahrer finden hier einen erholsamen Schlaf.

In der Konzertscheune arrangiert der *Internationale Arbeitskreis für Musik* Kammermusikkonzerte. Informationen dazu finden Sie auf der Kloster-Homepage.

59

Alfsee StrandArena
Zum Badesee 1
49597 Rieste
05464 91013
www.strandarena.de

Restaurant Feingeist
Am Campingpark 4
49597 Rieste
05464 921280
www.alfsee.de

AB INS KÜHLE NASS

Alfsee StrandArena

Wer in rasanter Fahrt über das Wasser gleiten möchte, findet dafür am Dubbelausee in Rieste beste Bedingungen vor. Als Bestandteil des Ferien- und Freizeitparks *Alfsee* bietet die dortige *StrandArena* mit ihrer Wasserskianlage drei Lifte mit unterschiedlichen Schwierigkeitsgraden. Anfänger und erfahrene Fahrer werden sich hier gleichermaßen wohlfühlen. Balance und Koordination sind gefragt, um sich mit untergeschnallten Skiern erfolgreich von der Schleppleine über die Wasseroberfläche ziehen zu lassen. Möglich ist die Fahrt zudem mit dem brettförmigen Wakeboard. Die längste Strecke verläuft über 760 Meter und bietet neben Sprungschanzen auch ein Slalomfeld.

Wer keinen Drang verspürt, selbst aufs Brett zu steigen, kann es sich auf den Sitzplätzen des Wasserski-Bistros bequem machen. Mit seiner auf einer kleinen Halbinsel angelegten Außengastronomie samt Beachbar bietet es die besten Voraussetzungen, um den Fahrern entspannt bei ihren Aktivitäten zuzuschauen. Nur wenige Schritte entfernt erstreckt sich der 250 Meter lange Sandstrand. Von ihm aus ist der abgegrenzte Badebereich des Dubbelausees zugänglich. Ein Aquapark mit aufblasbaren Spielelementen samt Hüpfburg zählt ebenfalls dazu. Trampolin- und Minigolfanlage runden das überaus familienfreundliche Gesamtangebot der *StrandArena* ab.

Der Dubbelausee entstand im Zuge der Bauarbeiten am Stausee Alfsee in den 1970er-Jahren, da für den Ringdeich des Alfsees Sand benötigt wurde. Dieses deutlich größere Gewässer gleich nebenan erfüllt eine zentrale Funktion beim Hochwasserschutz in der Haseniederung. Heute ist der Alfsee größtenteils als Vogelschutzgebiet ausgewiesen und bildet eine wichtige Station für Zugvögel.

In unmittelbarer Nähe zur *StrandArena* bietet das 2022 eröffnete Restaurant *Feingeist* saisonale Spezialitäten der Region sowie eine schmackhafte mediterrane Küche.

60

Biologische Station Haseniederung
Alfseestraße 291
49594 Alfhausen
05464 9789000
www.haseniederung.de

NATUROASE AM DEICH

Biologische Station Haseniederung

Mehrstöckige Hotelbauten haben auf dem Gelände einer Biologischen Station eigentlich wenig verloren. Jene Hotelgäste, die sich dennoch auf diesem idyllischen Flecken Erde einquartieren, haben aber nichts zu befürchten. Sie machen es sich in dem für sie eigens angefertigten Holzbau bequem und sorgen hier sogar für ihre Nachkommen. Direkt am Eingang der Station zieht das Insektenhotel die Blicke auf sich. Nützlinge wie die Florfliege und der Ohrwurm fühlen sich hier wohl.

Von mächtigen Bäumen beschattet, liegt einige Meter weiter ein verwunschen wirkendes Fachwerkhäuschen. In diesem unter Denkmalschutz stehenden historischen Backhaus aus dem 18. Jahrhundert hat das Umweltbildungszentrum sein Domizil. Der umliegende Garten ergrünt in angenehm zwangloser Natürlichkeit. Er liegt direkt hinter dem von Schafen beweideten Norddamm des Alfsees. Auf dem insgesamt etwa 4.000 Quadratmeter großen Gartenareal präsentiert sich eine ideenreiche Vielfalt. Liebevoll aus Birkenholz gefertigte Wege- und Beetbegrenzungen geben dem Garten eine unaufdringliche Kontur. Ein Tipi aus Weidenholz und eine lauschige Laube wecken alte Erinnerungen ans Budenbauen. So verschieden die Geschmäcker und Vorlieben der Gartengestaltung auch sein mögen, dieser Ort inspiriert und lädt zugleich zu entspanntem Verweilen ein. Der Garten als Raum der Entdeckung und Erholung wird hier in so manch stiller Ecke erlebbar. So etwa am großen Teich, der gefährdeten Vogelarten Nist- und Rückzugsmöglichkeiten bietet. Neben dem beschaulichen Spazieren durch das üppige Gartengrün können Interessierte an diesem Ort aber auch eine Menge über Mutter Natur erfahren. Das Umweltbildungsangebot der Station ist breit gefächert und fordert zum Entdecken und Mitmachen auf.

Das nahe Reservebecken des Alfsees ist ein bedeutendes Vogelrast- und Überwinterungsgebiet und lässt sich auf einem gut begehbaren Dammweg umrunden.

61

Das **Kloster Bersenbrück** ist Bestandteil der **Nachtwächterführung**
Stiftshof
49593 Bersenbrück

Tourist-Information Bersenbrück
Markt 4–6
49593 Bersenbrück
05439 962470
www.bersenbrueck-tourismus.de

ES LEUCHTET DIE LATERNE

Nachtwächterführung

Im Lichtschein der Laternen lauschen die Besucher den spannenden Ausführungen des Nachtwächters Manfred Kalmlage. Beim Gang durch das historische Bersenbrück wird die Vergangenheit lebendig. Vom Rathaus geht es zum nahe gelegenen Wahrzeichen der Stadt, der Klosterpforte. Ihr Torhaus bildet den Eingang zum ehemaligen Zisterzienserinnenkloster, das aus mehreren Gebäuden, einer ehemaligen Mühle und einer zweischiffigen Hallenkirche besteht. Das 1231 von Graf Otto von Ravensberg gegründete und 1787 aufgelöste Konvent galt als das reichste der Region.

Der Nachtwächter schreitet voran und weist mit seiner Laterne den Weg. Gemächlich wird der Turm der Pfarrkirche bestiegen und kurz darauf liegt uns das beleuchtete Bersenbrück zu Füßen. An das Gotteshaus grenzt der frühgotische Kreuzgangflügel. Er stammt wie die Kirche selbst aus dem 13. Jahrhundert. 1817 wurde das Kloster zum Verwaltungssitz. Heute beherbergen die historischen Mauern das Amtsgericht und das Museum des Landkreises Osnabrück. Dessen Ausstellungsflächen bieten Einblicke in das ländliche Leben: Besiedlungsgeschichte, Brauchtum und Alltagsleben werden, auch anhand vieler Exponate, anschaulich vermittelt. Auch Kunst findet im Museum Raum, wie etwa die ausgestellten Werke des in Bersenbrück geborenen Malers und Grafikers Franz Hecker (1870–1944). Viele seiner über tausend naturalistischen Werke bilden Motive des Osnabrücker Landes ab und erfreuen sich auch heute noch großer Beliebtheit. Ein Gedenkstein nahe der Klosterpforte erinnert an den Künstler. Unmittelbar neben dem Kloster fließt gemächlich die Mühlen-Umflut, ein von der nahen Hase abzweigender Wasserlauf. Hier beginnt auch der Stadtwald – besonders sein Uferweg bietet an sonnigen Tagen einen wunderbaren Ort zum entspannten Verweilen.

An jedem ersten Augustwochenende lockt mit dem *Reggae Jam* eines der größten Festivals dieser Art zahlreiche Musikfreunde in den Klostergarten.

62

Everdings Mühle
Mimmelager Straße 63a
49635 Badbergen-Groß
Mimmelage
05436 9699730
www.muehle-
grossmimmelage.de

BEHAGLICHKEIT UNTER MÜHLENFLÜGELN

Everdings Mühle bei Groß Mimmelage

Hoch in der Landschaft aufragend, zieht die karminrote Windmühle schon von Weitem die Blicke auf sich. Romantisch und imposant wirkt ihre Gestalt und zugleich scheinen die mächtigen Mühlenflügel den Besucher zu grüßen. Friedlich grasen Schafe zu Füßen des ungewöhnlich mobilen Bauwerks. 1785 im Emsland erbaut, stand sie von 1800 bis 1877 in Menslage und danach an ihrem heutigen Standort.

Seit dem Jahr 2003 sind Brigitte und Erich Everding stolze Besitzer dieses ungewöhnlichen Gebäudes. Mit viel Enthusiasmus renovierte das Paar die Mühle. Sogar eine Ausbildung zum Müller für historische Windmühlen absolvierte Erich Everding. Einem alten Brauch zufolge darf nun die Mühle den Namen ihres Eigentümers tragen.

Wohl kaum ist es der »Galerieholländer-Mühle« in ihrer über 230-jährigen Geschichte so gut gegangen wie heute. Viel Aufmerksamkeit ist ihr gewiss, denn die Mühle sieht nicht nur schön aus, sondern wartet mit einer Fülle an Möglichkeiten auf. In den ehemaligen Lagerräumen der Mühle schufen die Everdings das urgemütliche Café *Oma Plüsch.* Das Ambiente ist wunderbar nostalgisch, die Dekoration und Inneneinrichtung sind fein aufeinander abgestimmt – ein Ort zum Wohlfühlen. Mühlenkuchen, Waffeln und frische Pfannkuchen lassen sich hier ebenso genießen wie eine große Auswahl an Tees.

Seit Ende 2006 darf in der Mühle offiziell geheiratet werden. Die 2011 in der Mühle eingerichtete Ferienwohnung bietet eine alles andere als alltägliche Unterkunft. Bei Veranstaltungen wie dem *Kulturschatz Artland live,* dem *Tag des offenen Denkmals* oder dem *Deutschen Mühlentag* lässt sich das Mahlen des Korns aus nächster Nähe erleben. Dann finden auch im beinahe 100 Jahre alten Sägewerk direkt neben der Mühle Sägevorführungen statt. Wenn die Sonne vom Himmel lacht, ist der Außenbereich ein behaglicher Ort, der jede Eile vergessen lässt.

Ein bezaubernder Rosengarten direkt hinter der Mühle lädt mit seinen barocken Stilelementen, Brunnen und Wasserspielen zum Entspannen ein.

68

Hof Elting-Bußmeyer
Vehser Straße 7
49635 Badbergen
05433 279
www.hof-elting.de

LEBENDIGE BAUERNHOFKULTUR

Hof Elting-Bußmeyer

Wie grüne Inseln im gelben Feldermeer ruhen die alten Hofanlagen in der Landschaft. Voller Neugier radle ich durch das Artland, jene Region, in der europaweit die meisten historischen Fachwerkgebäude zu finden sind. Über 1.000 erhaltene Hofanlagen wirken dabei wie ein Mosaik bäuerlichen Lebens. Oft lässt sich ihre Geschichte bis ins Mittelalter zurückverfolgen. Meist umgeben mächtige Eichenhaine die Gehöfte. Diese einmalige, ländlich geprägte Kulturlandschaft konnte nur entstehen, weil sich der Boden des Artlands als besonders fruchtbar erwies. Gute Erträge brachten einen selbstbewussten, wohlhabenden Bauernstand hervor. Die prächtig gestalteten Giebel zahlreicher Bauernhäuser zeugen vom Reichtum ihrer einstigen Bauherren.

Die heutigen Hofbesitzer haben sich oft kreative Wege erdacht, um dieses Erbe auch für die Zukunft zu bewahren und mit Leben zu füllen. Im attraktiven Artland lag dabei die Umwandlung von landwirtschaftlichen Gebäuden zu Ferienwohnungen, Hofläden oder Hofcafés nahe. Zugleich verbindet sich dadurch traditionelle Baukultur und wirtschaftliche Zukunft.

Eine wunderbare Möglichkeit, um die Vielseitigkeit dieser Bauernhofkultur kennenzulernen, bietet die nahe des Ortes Badbergen gelegene Hofanlage Elting-Bußmeyer. Seit 1399 befindet sie sich in Familienbesitz. Das Haupthaus mit seinen vorspringenden Giebeln, die Scheunen, Stallungen und das Torhaus umrahmen den schönen Innenhof. Das Backhaus beherbergt ein kleines, aber feines Restaurant. Auf der Speisekarte stehen vor allem regionale Köstlichkeiten aus der artländischen »Jahreszeitenküche«. Im Außenbereich lässt sich unter alten Eichen, Buchen, Linden und Kastanien auf einem der lauschigen Plätze die entspannte Atmosphäre genießen. Ob im Hofladen, im liebevoll angelegten Bauerngarten oder bei Hofführungen, das Angebot ist vielfältig und einladend.

Die 45 Kilometer lange Radroute Giebeltour führt zu zahlreichen historischen Hofanlagen im Artland. Jede davon ist sehenswert.
www.artland.de

64

Stadtmuseum Quakenbrück
Am Markt 7
49610 Quakenbrück
05431 6777
www.stadtmuseum-quakenbrueck.de

Tourismus-Marketing Artland
Markt 4
49610 Quakenbrück
05431 907590
www.artland.de

EIN BILDERBUCH DER JAHRHUNDERTE

Stadtmuseum

Geschichte schreibt Geschichten – ein Wechselspiel, das auch den Alltag in der am Nordrand des Osnabrücker Landes gelegenen Kleinstadt Quakenbrück formte und prägte. Die örtlichen Bedingungen bestimmten maßgeblich das Leben der Menschen, gaben der Arbeit und so manchen bescheidenen Alltagsfreuden ihre Struktur. Das Quakenbrücker Stadtmuseum arbeitet diese Zusammenhänge auf und ermöglicht epochenübergreifende Einblicke in das innerstädtische Leben. Gegenwart und Vergangenheit treten hier in einen lebendigen Austausch.

In einem 200-jährigen Kaufmannshaus im klassizistischen Fachwerkstil direkt am Marktplatz fand das Museum 1983 sein Zuhause. Über drei Stockwerke erstrecken sich die Ausstellungsflächen. Hier wird historische Vielfalt nicht nur gesammelt und präsentiert, sondern auch anschaulich aufbereitet und eingeordnet. Da erweckt die Küche eines Quakenbrücker Bürgerhauses mit offener Feuerstelle und Zubehör den Eindruck, als seien die Bewohner nur für einen kurzen Moment entschwunden. Auch die alte Apotheke wirkt belebt. Historie zum Anfassen und Bestaunen bietet auch der stadtgeschichtliche Raum mit seinen Vitrinen, einem Stadtmodell, alten Karten und archäologischen Fundstücken. Im dritten Stock lassen sich die Werkstätten von Schlosser, Zimmermann, Schuster, Drechsler und Sattler erleben, vor allem bei den Führungen. Gemütliche Kneipenatmosphäre herrscht im ebenfalls dort untergebrachten alten »Einkehrhaus«. Hier ließ sich auch einkaufen: Im gleichen Raum beherbergt es Textil- und Gemischtwarenladen. Vieles ließe sich noch über die ausgestellte Vielfalt berichten. Es ist diese Liebe zum Detail, welche dem Museum eine unverwechselbar heimelige Atmosphäre verleiht. Zu verdanken ist das einem engagierten Kreis ehrenamtlicher Mitarbeiter, der mit viel Sachkenntnis und persönlichem Einsatz das Museum gemeinsam gestaltet.

Entlang grüner Froschspuren führt der 3,5 Kilometer lange Poggenpad zu 30 Sehenswürdigkeiten in der Innenstadt. Fachwerk, wohin das Auge blickt.

65

Weinhaus Köster
Lange Straße 68
49610 Quakenbrück
05431 3410
www.weinhaus-koester.de

EDLE TROPFEN UND ALTES GEWÖLBE

Weinhaus Köster

Stolz und schlank erhebt sich die mittelalterliche *Hohen Pforte,* das einzige erhaltene Stadttor Quakenbrücks. Nur wenige Schritte entfernt befindet sich in einem auffallend hübschen Gebäude aus dem Jahr 1857 die Weinhandlung Köster. Im einladenden und liebevoll dekorierten Empfangs- und Verkaufsbereich fühle ich mich wohl. Hier berät Inhaberin Marion Schone ihre Kunden, zu denen auch ich mich gerne zähle. »Seit meiner Kindheit bin ich fasziniert vom Wein«, bemerkt die gelernte Industriekauffrau und geborene Quakenbrückerin mit leuchtenden Augen. Nach ihrer Ausbildung und mehreren Praktika bei Winzern und Sektkellereien zog es sie wieder in heimatliche Gefilde. 2006 übernahm sie die Weinhandlung ihrer Eltern.

Der Weinhandel in Quakenbrück kann auf eine lange Tradition zurückblicken und Marion Schone fühlt sich diesem Erbe verpflichtet. Der persönliche Kontakt zu den Winzern gehört für sie wie selbstverständlich dazu. Mehrmals im Jahr fährt sie mit ihrer Familie zu verschiedenen Weingütern. Auch ihr Ehemann Uwe ist in der Weinhandlung tätig. Neben dem Verkauf und Versand der ausgewählten Produkte hält die Weinhandlung auch eine Besonderheit parat: Ein 850 Quadratmeter großes Kellergewölbe, der Bacchus-Keller, bietet viel Raum für geselliges Beisammensein. Im größten Weingewölbekeller Niedersachsens wurde bis 1986 der edle Tropfen in großen Holzfässern gelagert und abgefüllt. Die verbliebenen Fässer ergänzen heute ideal die heimelige Atmosphäre. An diesem verwinkelten Ort finden Feierlichkeiten und Weinverköstigungen statt. Das rustikale Artländer Wurst-Galgen-Essen liefert dazu den passenden kulinarischen Rahmen. Im Weinkeller ausgestellte Zeitungsberichte, Bilder, Postkarten und alte Handelsprodukte zeugen von der 150-jährigen Traditionslinie des Hauses.

Rund 100 Meter südlich des Weinhauses steht die Skulptur *Der arme Steuerbürger* direkt vor dem Finanzamt. Das Werk ist ein beliebtes Fotomotiv.

66

Gut Vehr
Gut Vehr 6
49610 Quakenbrück
05431 969580
www.gutvehr.de

GEMEINSAM GOLFEN UND GLÜCKLICH SEIN

Gut Vehr

Golfspielen gilt als Sport, bei dem es viel Übung braucht, um den Ball sicher zu bewegen. Deutlich einfacher kommt da eine Variante daher, bei der bereits ohne große Vorkenntnisse der Golfschläger geschwungen werden kann. Swin-Golf erfreut sich deshalb zunehmender Beliebtheit. Die rustikalere Golfvariante aus Frankreich lockt mit leicht verständlichen Regeln und einer bequem zu handhabenden Ausrüstung. Ein dreiseitiger Universal-Golfschläger sowie ein größerer, weicherer Ball als beim klassischen Golf erleichtern das Spiel. Eine 18-Loch-Anlage mit Bahnlängen von 80 bis 280 Metern gehört seit dem Jahr 2005 zum Gut Vehr am nordwestlichen Stadtrand Quakenbrücks. Die historische Gutshofanlage mit ihren ausgedehnten Rasenflächen, umgeben von Wiesen, Feldern und Alleen, hat sich zu einem wahren Swin-Golf-Hotspot entwickelt. Nach einer kurzen Einführung dürfen Besucher direkt loslegen – und dies das ganze Jahr über. Die Ausrüstung ist vor Ort entleihbar.

Im ehemaligen Getreidespeicher entstand nach aufwendigem Umbau das Café *Der Speicher*. Hier werden Kaffeespezialitäten, selbst gebackene Kuchen und kleine Speisen gereicht. Lauschige Sitzecken laden zu entspannten Stunden im Innenhof oder auf der gemütlichen Gutshofterrasse ein, von der man einen schönen Blick auf den Swin-Golfplatz hat. Unaufgeregt und familiär geht es hier zu. Die ehrliche Gastfreundschaft ist den Gutsbetreibern Constance und Hans-Wilhelm Welker sofort anzumerken.

Bereits im 13. Jahrhundert erwähnt, hatte sich Gut Vehr um 1500 zu einer stattlichen Burganlage mit Wehrtürmen und Gräben entwickelt. Der heutige Gutshof mit seinem markanten Uhrenturm entstand von 1928 bis 1936 zusammen mit Viehställen, Getreidespeichern, Wohnungen und Büros. Das dazugehörige Herrenhaus liegt versteckt zwischen hohen Bäumen, umgeben von einem Wassergraben.

Das Team von Gut Vehr organisiert vielseitige Gruppenangebote. Ausstellungen, Vorträge und Lesungen bieten zudem auch kulturell viel Abwechslung.

67

Stift Börstel
Börstel 1
49626 Berge-Börstel
05435 95420
www.boerstel.de

Torfwerk Hahnenmoor e. V.
Grafelder Straße 44
49770 Herzlake
05962 640
www.torfwerk-hahnenmoor.de

WIPFELRAUSCHEN UND GLOCKENKLANG

Stift Börstel

Abgeschieden liegt das Stift Börstel inmitten eines großen Waldgebietes. Die gut erhaltene Klosteranlage im nordwestlichen Zipfel des Osnabrücker Landes ist seit jeher ein Ort der Ruhe. Ihre Naturnähe und die altehrwürdigen Bauten machen für mich ihren Zauber aus. In ihrem Zentrum steht die im Stil der norddeutschen Backsteingotik erbaute Stiftskirche St. Marien und der anschließende Kreuzgang. Beide sind zwischen 1252 und 1273 entstanden und neben einem mittelalterlichen Kornspeicher aus Granitquadern die ältesten erhaltenen Bauwerke der Klosteranlage. Verschiedene Wohn- und Wirtschaftsgebäude zählen ebenfalls zu dem schönen Ensemble.

Bereits zu Gründungszeiten hatte der Ort ideale Voraussetzungen für die Eigenversorgung. Der nahe Bach trieb die Klostermühle an, der umgebende Börsteler Wald bot Bau- und Brennholz und war auch für die Schweinemast von großer Bedeutung. Heute lässt es sich am ruhig dahinfließenden Bach herrlich entspannen. Aber auch Sitzgelegenheiten nahe des Kräutergartens laden dazu ein, die historische Kulisse auf sich wirken zu lassen. 300 Jahre lang beherbergten die Klostermauern ein Zisterzienserinnenkonvent. Die Auswirkungen der Reformation erreichten das Kloster früh, und durch Bestimmungen des Westfälischen Friedens wurde es in ein freiweltliches Damenstift umgewandelt. Bis heute ist dies so geblieben.

Mit Seminaren, Vorträgen und Konzerten bietet das Stift ein ganzjähriges Kulturangebot. Die stiftseigene Tagungsstätte verfügt zudem in ihren drei historischen Gebäuden über moderne Seminar- und Tagungsräume. Der umgebende Börsteler Wald lädt mit seinen vielen Quellen und Waldtieren zu ausgiebigen Wanderungen ein. Verwunschen wirkt der alte, von mächtigen Eichen und Buchen beschattete Friedhof des Stifts. Er liegt einige hundert Meter südlich des Klostergeländes und lohnt in jedem Fall einen Besuch.

Nordwestlich des Stifts erstreckt sich das Hahnenmoor. Das dortige ehemalige Torfwerk beherbergt ein Wochenend-Café und bietet spannende Führungen an.

68

Bildungszentrum Kuhlhof Bippen
Berger Straße 8
49626 Bippen
05435 910011
www.lernenaufdemlande.de

ENTDECKE DIE MÖGLICHKEITEN

Bildungszentrum Kuhlhof

»Wo anfangen und wo aufhören?«, fragt sich der enthusiastisch gestimmte Naturfreund, wenn er die Vielfalt der Themen und Aktivitäten des Bildungszentrums Kuhlhof beschreiben möchte. Auf dem Gelände einer der ältesten Hofstellen Bippens werden Umweltbildungsangebote mit hohem Erlebnisfaktor geboten. Themen wie Energie und Klimaschutz, Kulturgeschichte sowie Wald- und Forstwirtschaft werden in Halb- und Ganztagesprogrammen spannend aufbereitet. Besonders Kindergartengruppen und Schulklassen, aber auch erwachsene Besucher können auf Entdeckungsreise gehen. Geo-Caching, Kanutouren, Waldführungen und Backen am Steinofen sind dabei nur einige der zahlreichen Möglichkeiten.

Das Gelände umfasst neben dem schönen Hauptgebäude auch fünf Blockhütten sowie einen Zeltplatz. In dem nach traditionellem Vorbild angelegten Bauerngarten duftet es herrlich nach frischen Kräutern. Wenn sich am Abend die Übernachtungsgäste am prasselnden Lagerfeuer treffen, machen Geschichten die Runde.

Ein ganz besonderes »Hai-Light« stellt das 2015 eröffnete, hochmoderne Haifischzentrum *Haitec* dar. Mit viel Aufwand und Know-how führt hier eine interaktiv ausgerichtete Ausstellung zurück in die Zeit vor 44 Millionen Jahren, als in dieser Gegend mächtige Haie auf die Jagd gingen. Zahlreiche hier in den letzten Jahrzehnten gefundene Zähne der Meeresräuber belegen dies eindrucksvoll. Sechs »High-Tech«-Stationen fordern zum Mitmachen auf. So kann unter anderem beim »Hai-auf-der-Jagd-Spiel« einer der Raubfische durch eigene Körperbewegungen gesteuert werden. »Infowaben« ergänzen die Stationen jeweils passend mit viel Wissenswertem. In der überdachten Wasch- und Siebstation kann anschließend in uraltem Erdmaterial nach Haizähnen gesucht werden.

Zusammen mit mehreren Kooperationspartnern unterhält das Bildungszentrum auch mehrere Lehrpfade, die spannende Erkundungen in und um Bippen ermöglichen.

69

Naturschutzgebiet Maiburg
Startpunkt: Wanderpark-platz Bippen am Waldrand
Maiburgstraße
49626 Bippen

Tourist-Information
Schlossplatz 1
49584 Fürstenau
05901 932019
www.fuerstenau.de

Von Waldpfaden, Legenden und Sagen

Naturschutzgebiet Maiburg

»In den Wäldern sind Dinge, über die nachzudenken man jahrelang im Moos liegen könnte«, notierte Franz Kafka im Jahr 1918 auf einer Postkarte an seinen Freund Max Brod. Wie recht er mit seiner Bemerkung hatte, lässt sich an der südlich von Bippen gelegenen Maiburg erkennen. Wer bei der Bezeichnung zunächst an eine mittelalterliche Burg inmitten dunkler Wälder denkt, wird allerdings enttäuscht sein. Die althochdeutsche Bezeichnung »burg« meint vielmehr »Berg«, doch dunkel ist der Wald hier durchaus und auch die zahlreichen Legenden und Sagen, die sich um ihn ranken. Da ist oft die Rede vom »Holenkerl«, der des Nachts arglosen Wanderern auf den Rücken sprang und erst dann von ihnen abließ, wenn sie die Grenzen des Waldgebiets erreichten. Auch sollen in der Walpurgisnacht fröhlich feiernde, besenbewehrte Damen in großer Zahl gesichtet worden sein. Ob glaubhaft oder nicht, zweifelsfrei nachgewiesen ist die jahrtausendealte Besiedlungsgeschichte dieses Gebiets. Mehrere Großstein- und Hügelgräber sowie steinerne Kultstätten belegen die »heidnische« Vergangenheit. Nachträgliche, wenig schmeichelhafte Namensgebungen wie »Teufelsstein« sind hingegen christlichen Ursprungs.

In diesem von tiefen Kerbtälern geprägten und unter Naturschutz stehenden Waldgebiet lässt es sich herrlich wandern. Die vielen klaren Bäche bieten gefährdeten Fischarten gute Lebensbedingungen. Ursprünglich stand hier ein ausgedehnter Buchenwald, der jedoch bereits Ende des 16. Jahrhunderts vollkommen abgeholzt war – Heide herrschte vor. Der fruchtbare Waldboden wurde von den Bauern abgetragen und als Einstreu für Viehställe und zum Düngen der Felder genutzt. Erst im 19. Jahrhundert setzte eine Aufforstung mit Nadelgehölzen ein, da der Boden durch seine Nährstoffarmut kaum Alternativen bot. Mittlerweile werden Buchen aber mehr und mehr wieder heimisch.

Durch das Naturschutzgebiet führt der Waldlehrpfad Vosspäddken (Pfad des Fuchses). Er setzt sich aus zwei jeweils 3,6 Kilometer langen Rundwegen zusammen: Der Nord- und der Süd-Tour.

70

Schloss Fürstenau
Schlossplatz 1
49584 Fürstenau
05901 93200
www.fuerstenau.de

Torhaus Fürstenau
Schlossplatz 3
49584 Fürstenau
05901 5309710
www.torhaus-fuerstenau.de

FLANIEREN ENTLANG DER ALTEN FESTUNG

Schloss Fürstenau

Er ist das Wahrzeichen Fürstenaus, der mächtige Festungsturm auf der Schlossinsel. 660 Jahre alt ist dieser Bergfried mit seinem imposanten Turmhelm. Immer wieder bot er den Bürgern des ehemals stark umkämpften Gebietes Schutz. Als ältester erhaltener Teil der Burg bildet er zugleich den Ursprung der Stadt. An einer strategisch günstigen Stelle legte Fürstbischof Gottfried von Arnsberg hier eine Landesburg zur Grenzverteidigung an. Erstmals 1344 wurde dieses Areal als »Vorstenove« erwähnt. Im Laufe der Jahre wurde die Burg erweitert und immer stärker befestigt. Bischof Johann IV. ließ sie im 16. Jahrhundert im Stil der Renaissance ausbauen. Heute hat in dem vierflügeligen Gebäudekomplex die Verwaltung der Samtgemeinde Fürstenau ihren Sitz.

Über eine Steinbrücke gelangen Besucher von der Altstadt zur Vorburg der Schlossinsel. Beeindruckende Ausmaße hat die nahe gelegene Nord-Ost-Bastion. Mit seinen sechs Meter starken Mauern ist der restaurierte Pulverturm einzigartig im Osnabrücker Land. Er wurde an einem Eckpunkt der Burginsel errichtet und war durch einen unterirdischen Gang mit der Burg verbunden. Während im Dreißigjährigen Krieg hier schwere Kämpfe tobten, kann man heute die Bastion mit ihren zwei Stockwerken und dem historischen Ambiente für Feierlichkeiten mieten.

Ein Spaziergang über das Schlossgelände und entlang der Gräfte ist zu jeder Jahreszeit ein Erlebnis. Doch nicht nur das: Mit seinen ausgedehnten Grünflächen beeindruckt auch der Bürgerpark rings ums Schloss. Ein vielfältiges Führungsprogramm erschließt nicht nur die Sehenswürdigkeiten der Schlossinsel, sondern führt auch in die schmucken Gassen der Fürstenauer Altstadt. Ob mit Mine, der Magd, Elsa, der Tochter des Schmieds, oder den beiden Nachtwächtern – an Geschichten aus der ereignisreichen Vergangenheit herrscht bei den Führungen kein Mangel.

Das auf dem Gelände der Vorburg liegende Restaurant *Torhaus Fürstenau* ist mit seiner Außenterrasse ein stimmungsvoller Ort.

71

Wacholderhain
Westerodener Straße
49586 Merzen-
Plaggenschale
www.merzen.de
Bei Westerode rechts in den Wald abbiegen. Nach 450 Metern erreichen Sie den Wacholderhain

ES DUNKELT SCHON IN DER HEIDE

Wacholderhain bei Plaggenschale

Morgendunst liegt über dem Gelände. Zahllose taufeuchte Spinnennetze bilden zwischen dem Heidekraut bizarre Muster. Es ist eine selten gewordene Kulturlandschaft, die sich hier auf kleiner Fläche ausbreitet. Lange Zeit war die Heide typisch für die Region. Ihre geschichtlichen Wurzeln reichen weit zurück in die Vergangenheit und sind untrennbar mit der bäuerlichen Wirtschaftsweise verbunden. Intensiv wurden vielerorts die ursprünglich ausgedehnten Laubwälder für menschliche Zwecke genutzt. Bau- und Brennholzgewinnung sowie das zum Weiden in die Wälder getriebene Vieh lichteten den Wald aus. Von nachhaltiger Forstwirtschaft konnte damals noch keine Rede sein. Die Konsequenz: Auf den zunehmend sandigen Böden gedieh das anspruchslose Heidekraut und dominierte schließlich Ende des 18. Jahrhunderts eine nahezu waldlose Landschaft. Mit ihren offenen und trockenen Sandstandorten bot sie aber auch mittlerweile selten gewordenen Tier- und Pflanzenarten einen Lebensraum.

2006 wurde der Wacholderhain wieder aufgeforstet und durch einen Rundweg begehbar gemacht. Informationstafeln erklären nicht nur Hintergründe zu diesem Naturraum, sondern gehen auch auf eine kulturhistorische Besonderheit ein, die hier zu finden ist: Das größte erhaltene Hügelgräberfeld im Osnabrücker Land hat eine Länge von 300 Metern und ist 150 Meter breit. 1976 haben Archäologen bei einer Bestandsaufnahme über 100 Hügel gezählt. Gefunden wurden auf den Feldern Urnen und Grabbeigaben wie Steinäxte, Beile oder Bronzewaffen. Die Untersuchungen belegen, dass schon vor 3.000 Jahren Menschen das Gelände nutzten. Der in den Rundweg integrierte Barfußpfad bietet mit seinen verschiedenen Untergründen eine wohltuende Fußmassage. Eine Wasserzapfstelle sorgt anschließend für saubere Füße.

Der 65 Kilometer lange Radrundweg *Mit Rad Up Pad* führt nicht nur zum Wacholderhain, sondern auch nach Ägypten, einer kleinen Bauernschaft.

72

Gasthof Dückinghaus mit Hotel Bahnhof Lechtrup-Merzen
Osterodener Weg 20
49586 Merzen
05466 368
www.dueckinghaus.de

IM SCHLAFWAGEN IST NOCH PLATZ

Gasthof Dückinghaus mit Hotel Bahnhof Lechtrup-Merzen

Munter rattert der Zug zu seinem Zielbahnhof und überbringt den Durstigen seine Fracht. Ein zügiger Service, der im Gasthaus und Eisenbahnhotel Dückinghaus großgeschrieben wird – und das ist durchaus wörtlich zu nehmen. Mit einer Modelleisenbahn werden hier die Getränke direkt an den Tisch befördert. Über insgesamt 75 Meter ziehen sich die Miniaturgleise durch den Gasthof. Viele Tische haben einen eigenen Bahnhof, der jeweils realen Bahnhöfen der Region nachempfunden ist. Drei eigens installierte Hebewerke überbrücken Höhenunterschiede zwischen den zu beliefernden Räumen. Auch die Bestellung der Getränke wird über die Eisenbahn aufgegeben: Per Knopfdruck rauscht der kleine Bestellwagen herbei, auf den man den Bestellzettel heften kann. Ein weiterer Knopfdruck lässt das Gefährt zum Thekenbereich tuckern. Möglich wird das durch eine computergestützte Steuerung und digitale Magnetsensoren, mit denen die Züge ausgestattet sind. Über ein entsprechendes Programm erreicht die Fracht sicher ihren Zielbahnhof. Auch im Biergarten ist eine Versorgung per Bahnbetrieb sichergestellt.

Unterhaltsam ist auch der freie Blick auf die Zubereitung der Speisen, denn ein Teil der Küche wurde im Stil des Orient-Expresses mit offener Front gebaut. Es ist diese Liebe zum Detail und die familiäre Atmosphäre, die spürbar ist.

Wer nach dem guten Essen nicht mehr nach Hause fahren möchte, dem sei das Eisenbahnhotel empfohlen. Für dessen Entstehung betrieb die Familie Dückinghaus einigen Aufwand. Mithilfe der *Osnabrücker Dampflokfreunde e. V.* erstand sie sechs Eisenbahnwaggons. Nach ihrer Entkernung wurden diese an ihren Bestimmungsort nach Merzen transportiert. Die Bahnhofshalle wurde anschließend von Zimmerleuten um die Waggons herum gebaut. Seither bieten sie komfortable Übernachtungsmöglichkeiten, ganz ohne Bahnhofslärm und Gleisgerumpel.

Unmittelbar nördlich von Merzen breiten sich die bis zu 140 Meter hohen *Ankumer Höhen* aus. Die dicht bewaldete Hügellandschaft lädt zum Wandern ein.

ERLEBNISSE IN DER UMGEBUNG

Das Naturtschutzgebiet Hahlener Moor am Nordrand des Osnabrücker Landes ist ein Ort der Ruhe

73

Naturagart
Riesenbecker
Straße 63–65
49479 Ibbenbüren
05451 59340
www.naturagart.de

VIEL WASSER IM GARTEN EDEN

Teichlandschaft und Aquarien im Park *Naturagart*

Willkommen an einem Ort, an dem aus großen Ideen inspirierende Wirklichkeit wurde. Zwar empfiehlt es sich, mit Superlativen sparsam umzugehen, doch der *Naturagart*-Park hält gleich mehrere davon bereit. Seine Ausdehnung und die Vielfalt der Attraktionen machen ihn zu einem Eldorado für Naturliebhaber.

Bachläufe duchziehen das Gelände und verbinden seerosenbedeckte Naturteiche. Überall grünt und blüht es. Stille Plätze laden zum Verweilen ein. Als Marktführer für größere Selbstbau-Teiche entwickelte die Firma *Naturagart* den Park als gigantisches Freilandlabor. Teichbauer erhalten hier Informationen aus erster Hand. Doch auch jene Besucher, die sich einfach »nur« an den Wasserlandschaften erfreuen möchten, kommen voll auf ihre Kosten.

Im größten Kaltwasseraquarium Deutschlands ziehen zwei Meter lange Beluga-Störe ihre ruhigen Bahnen. Mit viel Liebe zum Detail entstand hier eine atmosphärische Unterwasserwelt. 28 große Scheiben gewähren bei einem Rundgang um das große Mittelbecken faszinierende Einblicke. In mehreren großen Außenbecken und kleinen Aquarien sind weitere Fische zu sehen.

In unmittelbarer Nachbarschaft wartet der Park mit einem weiteren Superlativ auf. Ein künstlich angelegtes Tauchgewässer bietet mit einem 300 Meter langen Höhlensystem, fünf Meter hohen Säulenhallen und einer altägyptischen Tempelanlage atemberaubende Taucherlebnisse. Große Fischschwärme durchstreifen die Tiefen, während das Sonnenlicht unter Wasser Muster an die Natursteinwände malt. An einer der führenden Tauchbasen Deutschlands werden hier Tauchgänge und -kurse sowohl für Anfänger als auch für gestandene Profis angeboten. Erholung sowie leckere Speisen bietet das Palmenbistro im 1.500 Quadratmeter großen Palmengartengebäude oder das Café *Seerose* mit seinen idyllischen Plätzen direkt am Wasser.

Aus der etwas versteckt liegenden Seekanzel im Süden des Parks lassen sich häufig die im Gebiet *Wasserwildnis* brütenden Eisvögel beobachten.

74

Altstadt Tecklenburg
Startpunkt: Tecklenburg Touristik
Markt 7
49545 Tecklenburg
05482 93890
www.tecklenburg-touristik.de

Burgruine Tecklenburg
Am Herrengarten
49545 Tecklenburg

EIN STÄDTCHEN WIE AUS DEM BILDERBUCH

Spaziergang durch die Altstadt

»Oh, wie schön!«, möchte man angesichts des romantischen Anblicks ausrufen, der sich beim Gang durch die Altstadt Tecklenburgs bietet. Ein zauberhafter Charme umgibt das nördlichste Bergstädtchen Deutschlands. Hoch oben auf den Höhen des Teutoburger Waldes gelegen, ermöglicht dessen Lage weite Ausblicke auf die umliegende Naturlandschaft. Schmale Stiegen und eng gewundene Gassen durchziehen den denkmalgeschützten Stadtkern. Fachwerk reiht sich hier an Fachwerk, dazwischen finden sich viele verträumte Winkel. Zahlreiche gemütliche und liebevoll dekorierte Lädchen laden zum Stöbern ein. Die Dichte an Baudenkmälern ist enorm. Den Beinamen »das westfälische Rothenburg« trägt Tecklenburg deshalb völlig zu Recht. Der Marktplatz bildet den unaufgeregten, aber belebten Mittelpunkt des Kneipp- und Luftkurortes. Hier laden Cafés mit Blick auf Brunnen, historische Gebäude und flanierende Besucher zum Bleiben ein. Durch das frühere Torhaus der Burg geht es zur Schloßstraße, die seit Jahrhunderten hinauf zur Burg führt. Auch von hier oben kann man den Blick weit in die Ferne schweifen lassen.

Seit dem 12. Jahrhundert war Tecklenburg der Herrschaftssitz der mächtigen, gleichnamigen Grafschaft. Im Schutze der Burg wuchs der Ort und erhielt bereits 1388 die Stadtrechte. Zu Beginn des 15. Jahrhunderts verloren die Tecklenburger Grafen jedoch stetig an Macht und Einfluss und mit ihnen zunächst auch die Stadt. Die Blüte des Leinengewerbes im 17. Jahrhundert brachte wieder einen wirtschaftlichen Aufschwung.

»Die Festspielstadt« nennt sich Tecklenburg, und tatsächlich ist die Tecklenburger Freilichtbühne ein Anziehungspunkt ersten Ranges. Ihre herrliche Lage, eingebettet in die oberhalb der Altstadt liegende Burgruine, verleiht ihr eine besondere Atmosphäre. Mit mehr als 2.300 Sitzplätzen ist sie eines der größten Freilichttheater Deutschlands.

Der fünf Kilometer lange *Tecklenburger Hexenpfad* führt als Rundwanderweg von der Burgruine über sagenträchtige Orte durch den Teutoburger Wald.

75

Holperdorp
Holperdorper Straße
49536 Lienen

Startpunkt für eine Wanderung durchs Tal:
Studioglas und keramische Plastik
Holperdorp 24
49536 Lienen
05483 1575
www.holperdorp.de

MALERISCHES GRENZLAND

Holperdorp

Holperdorp – so lautet der ungewöhnlich klingende Name einer kleinen Bauernschaft. Idyllisch liegt sie im waldumsäumten Tal. Wer vom nahen Bad Iburg kommend über die schmale Talstraße einfährt, mag sich noch auf niedersächsischem Gebiet wähnen. Doch der liebliche Landstrich gehört bereits zur Gemeinde Lienen und damit zu Nordrhein-Westfalen. Auf den zahlreichen Wanderwegen lassen sich die Bundeslandgrenzen auch gut zu Fuß überqueren.

Während die Grenzlage heute kaum auffällt, war das vor 200 Jahren noch ganz anders. Nördlich von Holperdorp verlief damals die Grenze zwischen den Königreichen Hannover und Preußen. Zollstationen kontrollierten den Warenverkehr auf der wichtigen Handelsroute zwischen Osnabrück und Münster, die hier entlangführte. Die zu entrichtenden Abgaben begünstigten einen regen Schmuggel: Neben den begehrten Hagener Töpferwaren wurde unter anderem auch Bad Rothenfelder Salz illegal über die Grenze gebracht. Die Holperdorper Bauern profitierten von diesen Aktivitäten – doch nicht nur sie, auch Räuber trieben gelegentlich ihr Unwesen und lauerten so manches Mal den Schmugglern auf.

Heute macht Holperdorp, neben seiner landschaftlichen Schönheit, vor allem in künstlerischer Hinsicht von sich reden. Jedes Jahr Anfang August veranstalten die Künstler Wendelin Gräbener und Franz Winkelkotte auf ihrem Hofgelände eine viel beachtete Ausstellung. 2014 wurden sie dafür mit dem Kulturpreis des Kreises Steinfurt ausgezeichnet. Künstler aus ganz Deutschland präsentieren hier ihre Werke. Komplexe Installationen sind auf dem traumhaften Hofareal ebenso zu finden wie Skulpturen, grafische Arbeiten oder solche aus Keramik und Glas. Kunst und Natur führen hier einen munteren Dialog, der zu neugierigem Betrachten einlädt.

Direkt am Hermannsweg liegt die Waldgaststätte *Malepartus*. Bayerische Spezialitäten und ein schöner Ausblick machen sie zu einem beliebten Ausflugsziel. www.malepartus.net

76

Nach dem Besuch einer der Abendveranstaltungen empfiehlt sich für den Rückweg über den unbeleuchteten Waldweg eine Taschenlampe. Wer keine dabeihat, wird mit Fackeln ausgerüstet.

Burg Ravensberg
Burg Ravensberg 1
33829 Borgholzhausen
05425 933544
www.burg-ravensberg.de

VIEL LEBEN RUND UM DIE ALTE BURG

Burg Ravensberg

Er hat allen Stürmen der Zeit getrotzt. Der mächtige Bergfried der Burg Ravensberg schaut weit ins Land hinein. Für mich bietet die Burg stets aufs Neue ein prächtiges Bild. Auf einer vorgelagerten Bergkuppe des Teutoburger Waldes gelegen, dem Ravensberg, bildete die Anlage aus dem 11. Jahrhundert den Stammsitz des gleichnamigen Adelsgeschlechts. In ihrer Blütezeit erstreckte sich die Grafschaft vom östlichen Münsterland bis zur Weser und vom Oldenburger Land bis südlich von Bielefeld. Von den Preußen wurde die Burg zwischen 1835 bis 1868 nach den Plänen des bekannten Baumeisters und Architekten Karl Friedrich Schinkel restauriert. Um dem zunehmenden Verfall Einhalt zu gebieten, gründete sich 2004 die *Stiftung Burg Ravensberg*. Dank großer Spendenbereitschaft der Bevölkerung und heimischer Unternehmen wurde mit dem Stiftungskapital die Restaurierung begonnen und 2011 abgeschlossen.

Mich beeindruckt immer wieder, wie an diesem mitten in einem Naturschutzgebiet liegenden Ort Geschichte in die Gegenwart geholt wird. So ermöglicht ein vielseitiges Kultur- und Führungsprogramm für alle Altersklassen spannende Aktivitäten. Beim *Burgfest der Tiere* können Besucher viel Wissenswertes über die hier lebenden Fledermäuse erfahren. Das *Mittelalterfest für Kinder und Junggebliebene* ermöglicht dagegen Einblicke in längst vergangene Epochen. Sogar ein terrassenförmig angelegtes Freilufttheater findet sich auf dem Gelände. Es bietet 120 Zuschauern Platz und bildet eine wunderbare Kulisse für Schauspielkunst und Konzerte. Wem nun angesichts all der Aktivitäten der Magen knurrt, ist im romantischen Burggasthaus gut aufgehoben. Gemütlich ist es im Winter am wärmenden Kachelofen. Bei milderen Temperaturen lädt der Außenbereich zu einem Ausblick weit ins östliche Münsterland hinein ein.

Im Museum des Kultur- und Heimathauses Borgholzhausen ist die weltweit größte Ansammlung von Riesen-Ammoniten zu sehen. www.heimatverein-borgholzhausen.de

77

Rila erleben
Rila Feinkost-Importe
Hinterm Teich 5
32351 Stemwede-Levern
05745 9450
www.rila.de

Windmühle Levern
Mühlenweg 17
32351 Stemwede-Levern
www.muehlenverein-levern.de

EIN KULINARISCHER KURZURLAUB

Garten- und Genusswelt *Rila erleben* in Levern

Weinreben ranken sich um eine romantische Sitzgruppe, aus einem Wasserbecken plätschert es leise und der Blick fällt auf eine üppige Teichlandschaft. Willkommen im *Garten der Sinne*, so lautet die Bezeichnung für dieses zauberhafte Areal, das nicht nur visuell in mediterrane Welten eintauchen lässt, sondern auch kulinarisch. Rund 50 Sitzplätze bietet etwa der Weinpavillion *La Pergola*, etwas weiter befindet sich eine wunderschöne griechische Taverne, die sich an einer Seite komplett zur Wasserfläche hin öffnet. Ich nehme auf einem der blauen Tavernenstühle Platz und genieße das besondere Ambiente.

Am Rande des staatlich anerkannten Erholungsortes Levern und direkt an der niedersächsisch-nordrheinwestfälischen Landesgrenze gelegen, hat sich mit *Rila erleben* eine echte Wohlfühloase etabliert. Hervorgegangen ist dieses Projekt aus dem Familienunternehmen Rila Feinkost-Importe, das am gleichen Standort seinen Hauptsitz hat. Die Zielsetzung, Kulinarik als ganzheitliches Erlebnis erfahrbar zu machen, hat zur stetigen Weiterentwicklung von Gastronomie und Gartenareal beigetragen. Deutlich wird dies in den verschiedenen landestypischen Themengärten, in denen insgesamt rund 400 Pflanzenarten wachsen. Auffallend ist unter anderem ein großes Rondell, hinter dessen weißen Mauern ein spanisch-maurischer Garten mit plätschernden Brunnen gedeiht. In Kombination mit den kunstvollen Wandmalereien strahlt dieser *Patio al-Andalus* Ästhetik und Entspannung zugleich aus. Zutritt zu diesen Garten- und Genusswelten erhalten Gäste über ein markantes, kreisrundes Gebäude, welches das Panorama-Restaurant *Rotondo* und den Gewölbekeller *Cafayate* samt Tapas-Bar beherbergt. Hierher verlagert sich das kulinarische Geschehen, wenn der Sommer zur Neige geht.

Sehenswerte Fachwerkgebäude, einen Bauerngarten, Kinderspielplatz und schöne Sitzgelegenheiten bietet das Gelände rund um die Windmühle Levern.

78

Naturschutzstation Dümmer
Startpunkt des Naturerlebnispfads (Rundweg)
Am Ochsenmoor 52
49448 Hüde
05443 1367
www.naturschutzring-duemmer.de

Schäferhof
Fischerstatt 119
49448 Stemshorn
05443 2041780
www.schaeferhof-duemmer.de

ZU HAUSE BEI FISCHADLER UND KIEBITZ

Naturschutzstation und Naturerlebnispfad Dümmer

In Keilformation ziehen Kraniche hoch über die feuchten Wiesen. Ihr markanter Ruf schallt durch die Luft. Fast zeitgleich landet ein Trupp Graugänse auf der nahen Wasserfläche, auf der sich bereits zahllose Enten tummeln. Mit bisher 276 nachgewiesenen Vogelarten ist der Dümmer und sein Umland eine ungewöhnlich artenreiche Region. Hunderttausende der Tiere machen hier auf ihrem Durchzug Rast. Zu verdanken ist dies einem konsequent betriebenen Naturschutz.

Bis zu seiner Eindeichung 1953 trat der Dümmer regelmäßig über die Ufer. Die so entstandenen Feuchtwiesen boten vor allem den heute seltenen Wiesenvögeln gute Lebensbedingungen. Nach dem Deichbau blieben diese Überschwemmungen aus, zugleich wurde die Landwirtschaft um den See intensiviert. Als Folge ging die Vogelpopulation stark zurück. Diesen Entwicklungen wirkte etwa die Wiedervernässung des Ochsenmoores entgegen, einem großen Niedermoorgebiet südlich des Dümmers. Das hier eingerichtete Schutzgebiet gilt als eines der größten und erfolgreichsten Feuchtwiesen-Schutzprojekte in Deutschland. Von der bereits seit 1993 bestehenden Naturschutzstation aus betreuen vier hauptamtliche Mitarbeiter das Gelände, erfassen Tier- und Pflanzenbestände und führen die notwendigen Arbeiten aus. Die Dauerausstellung in der Station erlaubt Einblicke in die Entstehungsgeschichte dieser Landschaft und ihres komplexen Ökosystems. Spannend ist auch der 4,5 Kilometer lange Naturerlebnispfad: Er führt durch die offene Wiesen- und Auenlandschaft und ermöglicht Natureindrücke, die nur noch selten erfahrbar sind. Für eine kürzere Strecke kann auch der Aussichtsturm angepeilt werden, der vom Startpunkt aus nur einen Kilometer weit entfernt ist. Ob mit oder ohne Fernglas, der Anblick von Wiesen, Wasser und Wolken lässt das Herz weit werden.

Die *Diepholzer Moorschnucken* des nahen Schäferhofes weiden im Ochsenmoor. Schäfer Michael Seel bietet ein Wochenend-Café und Hofführungen.

Das Venner Moor ist eine karge Schönheit und Lebensraum für seltene Tiere und Pflanzen

Christoph Beyer
Heimzahlung
288 Seiten, 12 x 20 cm
Broschur
ISBN 978-3-8392-1742-9
€ 10,99 [D] / € 11,40 [A]

Eine Gasexplosion erschüttert den Osnabrücker Stadtteil Sutthausen. Das Opfer: der ehemalige Kinderheimzögling Armin Sommer. Hauptkommissar Richard Fürst tippt zunächst auf Suizid, doch brisante Dokumente enthüllen, dass der Verstorbene mutmaßlichen Nazi-Kriegsverbrechern auf der Spur war. Gemeinsam mit dem jungen Wissenschaftler Jonathan Bach setzt sich Fürst auf die Fährte dieser Männer. Als ein kaltblütiger Mord geschieht, beginnt ein gnadenloser Wettlauf gegen die Zeit.

WEITERE LIEFERBARE Lieblings-plätze

ISBN 978-3-8392-0044-5

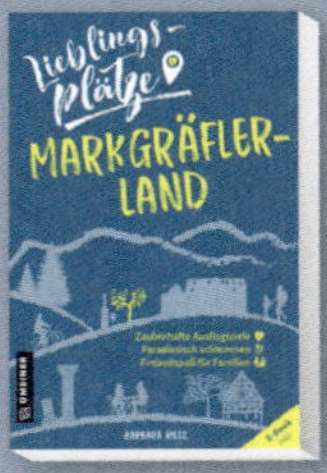

ISBN 978-3-8392-2730-5

ISBN 978-3-8392-2613-1

ISBN 978-3-8392-2837-1

ISBN 978-3-8392-2616-2

ISBN 978-3-8392-2632-2

ISBN 978-3-8392-2733-6

ISBN 978-3-8392-2731-2

ISBN 978-3-8392-2732-9

ISBN 978-3-8392-2628-5

ISBN 978-3-8392-2621-6

ISBN 978-3-8392-2885-2

ISBN 978-3-8392-2625-4

ISBN 978-3-8392-2838-8

ISBN 978-3-8392-2630-8

ISBN 978-3-8392-2631-5

ISBN 978-3-8392-2928-5

ISBN 978-3-8392-2929-3

ISBN 978-3-8392-2932-3

ISBN 978-3-8392-2931-6

ISBN 978-3-8392-2925-5

ISBN 978-3-8392-2622-3

ISBN 978-3-8392-2619-3

ISBN 978-3-8392-2618-6
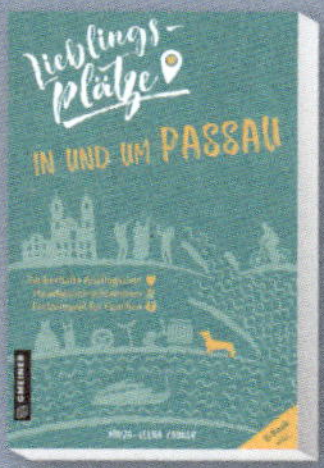

ISBN 978-3-8392-2615-5

ISBN 978-3-8392-2629-2

ISBN 978-3-8392-2734-3

ISBN 978-3-8392-2627-8

ISBN 978-3-8392-2617-9

ISBN 978-3-8392-2635-3

ISBN 978-3-8392-2633-9

ISBN 978-3-8392-2612-4

ISBN 978-3-8392-2405-2

ISBN 978-3-8392-2614-8
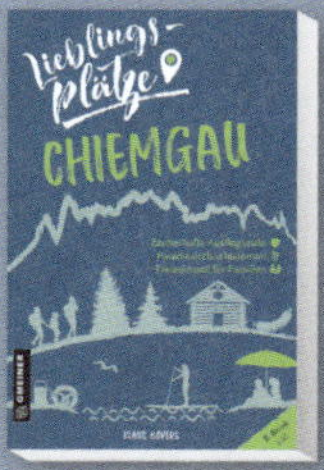

ISBN 978-3-8392-2839-5

ISBN 978-3-8392-2624-7

ISBN 978-3-8392-2623-0

ISBN 978-3-8392-2611-7

ISBN 978-3-8392-2545-5

ISBN 978-3-8392-2620-9

ISBN 978-3-8392-2634-6

ISBN 978-3-8392-2930-9

ISBN 978-3-8392-2927-9
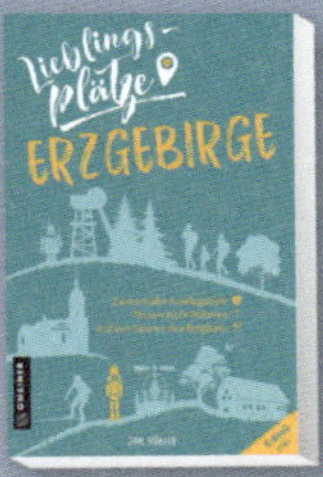

ISBN 978-3-8392-2926-2

ISBN 978-3-8392-2924-8

ISBN 978-3-8392-0043-8

Christoph Beyer
Lieblingsplätze im Emsland
192 Seiten, 14 x 21 cm
Klappenbroschur
ISBN 978-3-8392-0373-6
€ 18,00 [D] / € 18,50 [A]

Endlose Weiten, stille Wälder und idyllische Wasserwege locken Naturliebhaber ins Emsland. Die Region birgt zudem zahlreiche kulturelle und kulinarische Juwelen. Treffen Sie auf einer Reise von Papenburg über Meppen bis in die Grafschaft Bentheim einen Kreuzfahrtriesen, bunte Schweine und ein Mammut im Moor. Klettern Sie in Surwold in die Wipfel, erkunden Sie mit einem Dampfross das Hasetal und trinken Sie in Lünne das einzigartige Emsländer Bier. Werden Sie Kapitän auf Ems, Hase und Vechte, und besuchen Sie Pfannkuchenbäcker sowie Vincent van Gogh in den Niederlanden!

GMEINER